Gun iedere kabou

Aaf Brandt Corstius bij Meulenhoff:

Het jaar dat ik 30 werd
Eindelijk 40
Trouwboekje
Het jaar dat ik (2x) moeder werd
Gun iedere kabouter zijn eigen muts

meulenhoff.nl

Aaf Brandt Corstius

Gun iedere kabouter zijn eigen muts

Levenslessen waarvan je niet wist dat je ze nodig had

MEULENHOFF

Eerste druk 2023
Achtste druk 2024

ISBN 978-90-290-9915-8
ISBN 978-94-023-2257-6 (e-book)
ISBN 978-90-528-6647-5 (audio)
NUR 320

Omslagontwerp: Alexandra de Vries
Auteursfoto: Pauline Niks
Vormgeving binnenwerk: Steven Boland

Een deel van de columns is eerder verschenen in *Flow* of *de Volkskrant*.

Inhoud

Voorwoord

Grip is belangrijk

Ik hing aan de rand van een voetbaldoeltje in het park bij mij om de hoek. Mijn voeten bungelden boven de grond. Ik moest mijn eigen gewicht torsen. Het was zwaar. Heel zwaar. Ik deed dit alles niet zomaar, het was tijdens een krachttraining buiten.

De trainster zei tegen me: 'Grip is belangrijk.'

Ze zei het niet alleen tegen mij, maar ook tegen de drie vriendinnen met wie ik sport, onder haar bezielende leiding. Bezielend, want onze trainster is zelf een soort superheld, met stalen spieren en zilveren legging. Ze vliegt zo een touw in en klimt naar het plafond. En ze is ook bezielend omdat we wel mogen kletsen, maar niet te veel, en wel mogen zeuren, maar niet te veel, en omdat ze ons dingen laat doen die we anders nooit zouden denken te kunnen of willen doen.

En zo hing ik aan dat doeltje. Ik bleek mezelf te kunnen tillen, zelfs een beetje op te kunnen trekken. Voor even.

Grip is belangrijk, zei ze, en ik vroeg wat ze bedoelde. Nou, gewoon, letterlijk, grip. De grip die je in je handen hebt. Daaraan kun je afmeten hoe fit je bent, hoe sterk je bent, en met het vorderen der jaren neemt die flink af, dus moet je die flink trainen. (Zie ook het belangrijke kleine inzicht, verderop in dit boek, van Irene Moors over 'onderhoud'.)

Sinds ik mijn grip ben gaan trainen door aan doeltjes en rekstokken te hangen, merk ik dat ik dingen die ik heel lang extreem pittig vond – ik heb het nu eigenlijk vooral over het in de fietsmand slingeren van een zware boodschappentas – veel makkelijker ben gaan vinden. Ik ben, eind veertig, sterker dan ooit. En dat is wel fantastisch.

Ik haal ook grip uit citaten. Figuurlijke grip dan, hè.

Uit dat citaat 'Grip is belangrijk', bijvoorbeeld, en uit alle wijze zinnetjes en citaten en afgeluisterde gesprekken die ik door de jaren heen heb opgevangen en genoteerd, en soms ook wel motto's van eigen makelij.

Misschien is het omdat ik een voorliefde heb voor taal in combinatie met een soms wat wankele verhouding tot het leven, maar ik haal echt iets uit die zinnen.

Als ik weer eens keuzestress heb over de mogelijk te volgen paden in mijn leven, denk ik ontzettend vaak: voelt deze beslissing verbredend of beperkend? (Of zoals mijn zoon dan roept: 'Mama, *live the bigger life*!')

Ook vraag ik mezelf regelmatig af: wil ik dit, of wil ik dit willen?

En alle, echt álle mensen die tegen me lopen te mieren dat ze ouder worden, rimpels krijgen of lichamelijk aan de zwaartekracht onderhevig blijken te zijn, krijgen van mij streng te horen: 'Het is ouder worden of doodgaan.' (Dat is minder defaitistisch dan het klinkt; dat wordt op p. 113 allemaal duidelijk.)

Zo'n zin kan mij, en wie weet anderen, echt helpen de zwaardere dingen en dingetjes van het leven makkelijker van me af te zwieren, net zoals de armtraining me hielp om mijn boodschappentas achter op de fiets te slingeren.

Een hele bibliotheek aan behulpzame zinnen heb ik in mijn hoofd, voor mezelf, en nu in dit boek. Het fijne is: die zinnetjes lezen en af en toe eens gebruiken is een stuk makkelijker dan jezelf met een rood hoofd en bonzend hart optrekken aan een doeltje in het park.

Dingen willen willen

Er loopt ergens in Londen een vrouw rond van wie ik veel geleerd heb. Ik heb haar nog nooit ontmoet, heb haar nog nooit in het echt gezien, maar ik heb het idee dat ik haar erg goed ken. Dat komt door haar blog, Recipe Rifle. Op dat blog plaatste ze jarenlang recepten die ze uitprobeerde om zichzelf te leren koken ('*Getting recipes wrong so you don't have to*' is de ondertitel van het blog), maar belangrijker waren de korte essays die ze boven die recepten zette. Die gingen over het opvoeden van haar twee kleine kinderen, haar familie, haar status van thuismoeder die later veranderde in die van succesvolle journalist, en haar stormachtige relatie met haar man Giles, die in Engeland een beroemde restaurantrecensent is.

Ze heet Esther Walker, ze heeft knalrood haar en een voorkeur voor ultrahippe kleren – dat zal dat Britse wel zijn –, en haar stukjes zijn grappig, maar vooral vaak ook erg waar. *Spot on*, zoals de Engelsen dat zeggen.

Esther is inmiddels gestopt met haar blog en toen ze dat aankondigde, was een van haar laatste berichten een bericht over sentimentaliteit. Esther is, schreef ze, over weinig dingen sentimenteel, maar ze is er toch een piepklein beetje sentimenteel over dat ze geen derde kind zal krijgen; ze heeft namelijk besloten dat twee genoeg is. 'Ik wil meer kinderen willen, net zoals ik wil dat ik wil uitgaan en wil skiën,' schrijft ze. 'Maar ik wil het niet.'

Dingen willen willen, dat was een nieuwe voor mij. En tegelijkertijd totaal herkenbaar. Zelfs de specifieke voorbeelden die Esther gaf, herkende ik. Ik wil ook heel graag dat ik wil skiën. Ik zie andere mensen die heilige wil hebben, die diepe innerlijke drang om in februari alles in te pakken en zich zeven dagen op glorieuze wijze van een Oostenrijkse berg te storten. Maar afgezien van het feit dat ik het niet kan, wil ik het ook echt niet. Ik wil het willen, want ik zie dat het leuk is om het te willen, dat je er voorpret over hebt en gesprekjes met medeskiërs en een doel om het hele jaar voor te sparen. Maar ik wil het niet.

Hetzelfde geldt voor uitgaan. Vroeger wilde ik uitgaan. Of was dat eigenlijk wel zo? Nou ja, laten we het zo stellen: vroeger wilde ik dat zo graag willen, want ik zag anderen het ook zo willen, dat ik had besloten dat ik het zelf ook wilde. Maar als vrijdagavond om de hoek kwam kijken moest ik mezelf altijd met heel veel discodutjes en glaasjes Apfelkorn opwekken tot een staat waarin ik er klaar voor was om in de lange, koude rij voor de disco aan te sluiten.

Hier is een belangrijk onderscheid. Welke dingen wil je echt en welke dingen wil je eigenlijk alleen maar willen? Het is prettig om dat te kunnen scheiden; het scheelt je een hoop loze ambities. Wil je echt hogerop komen op je werk, of wil je dat alleen maar willen omdat je ziet dat andere mensen dat zo vurig willen? Wil je een derde kind, of wil je dat willen omdat je het bij de eerste twee kinderen zo intens graag wilde en je nu bijna niet kunt geloven dat je het niet meer wilt?

Sommige wilskwesties zijn helder. Het is warm, je hebt zin in een ijsje: je wilt een ijsje. Maar veel wilskwesties zijn niet zo eenduidig. Vrienden stellen voor om met alle aanhang een weekend weg te gaan naar een huis in Drenthe; je wilt het willen, want je ziet dat zij het willen en je kunt je de Instagramfoto's van lange tafels met lachende mensen in boomgaarden al voorstellen, en je kunt je eigenlijk niet indenken dat er mensen zijn die dát niet willen – maar jij wilt het niet. Gewoon omdat je moe bent of omdat al je weekends al vol zijn: je wilt het eigenlijk niet.

Het is in het leven handig om te weten wat je wilt, en het is ook handig om te weten wat je alleen maar wilt willen. En om dat vervolgens niet te doen.

De elfuurregel

Als je mij vraagt: wat is het zwaarste beroep op aarde, dan zeg ik: stand-upcomedian. Nou ja, natuurlijk niet het zwaarste, je kunt ook in een mijn werken, of iets met dierenlijken doen, of sowieso iets met lijken, maar stand-upcomedian zijn is wel heel pittig. Elke avond op een podium grappen maken en dan maar hopen dat een groep kritische, vaak halfdronken mensen je leuk vindt, oftewel je niet boe-roepend wegschreeuwt: dat lijkt me zwaar.

Een grapje maken is sowieso een vorm van grote kwetsbaarheid. Mensen zeggen dat grapjassen grappen maken om zichzelf daarachter te verbergen, maar eigenlijk leg je jezelf juist bloot voor de wereld: ik maak een grap, jij kunt nu kiezen of je gaat lachen, en als je niet lacht, is dat heel zwaar voor mij.

Enfin. Ik las een interview met Martine Bakker, een schrijfster van *De Speld* die op haar dertigste ook nog had besloten comedian te worden. Ze schreef er een boek over: *Ik durf niets maar doe alles*. Ondertitel: *Waarom ik dacht dat als ik een jaar lang stand-upcomedy zou doen ik daarna zou kunnen leven zonder stress, onzekerheid, uitstelgedrag en angst, maar blijkbaar bestaat zoiets niet, toch geef ik wat ik per ongeluk leerde over mezelf en creativiteit door zodat jij er misschien ook wat mee kunt. Of niet.*

Martine Bakker speelde ook bij Toomler, een comedyclub

in Amsterdam, en daar bleken ze een regel te hebben. De elfuurregel. 'Het houdt in dat je na een show tot elf uur de volgende ochtend de tijd hebt om ermee bezig te zijn,' vertelde ze in een interview in *Het Parool*. 'Daarna moet je weer overgaan tot de orde van de dag. Of je nou heel slechte of juist erg positieve ervaringen aan je optreden hebt overgehouden.'

Dit leek me niet alleen een nuttige regel voor comedians en andere podiumachtige mensen die reacties op optredens krijgen, maar voor iedereen. Je kunt met jezelf een interne deadline afspreken voor het nakauwen over hoe je een presentatie hebt gedaan, hoe een gesprek op je werk ging, hoe je die ene sollicitatie hebt afgehandeld of wat voor mails je na het inleveren van een idee kreeg. Het nakauwen op reacties, dus.

Als je zegt: dit mag tot morgenochtend elf uur (of tien uur, je mag heus zelf de tijd bepalen), dan heb je een afgebakende nakauwperiode en kun je het daarna opgelucht terzijde schuiven. Want laten we wel wezen: een hele week nadenken over wat Sjors van je werk opmerkte nadat jij een ontzettend spetterende PowerPoint over veranderprocessen had gegeven, heeft geen zin. Een avond lang eigenlijk ook niet, maar dat mag. Dat kan nog. Maar Sjors heeft het met zijn lompe reactie niet verdiend om langer dan een half etmaal het onderwerp van jouw malende gedachten te zijn.

Al googelend bleek er trouwens ook nog een andere elfuurregel te bestaan: de sociaal-cultureel-culinaire regel die in Italië geldt, dat je na elven 's ochtends echt geen cappuccino of koffie met melk mag bestellen. Vinden ze daar heel raar. Maar aan die regel hebben we niks. Het lijkt me juist fijn om, als het elf uur is en je van jezelf moet ophouden met nadenken over reacties, een lekker bakje koffie met melk te nemen.

Gun iedere kabouter zijn eigen muts

Nu ik al een aantal jaar slimme zinnen verzamel, valt het me op dat ik die leuke en leerzame zinnen niet alleen opteken uit de monden van anderen, maar dat die anderen de zin ook vaak weer hebben geleend van iemand anders. Dat je een ander citeert die een ander citeert kan maar één ding betekenen: dat het een heel goed zinnetje is. Anders werd het niet zo veel doorgegeven.

Onlangs tekende ik deze op uit de mond van acteur Frederik Brom in *LINDA.*, die hem op zijn beurt citeerde van zijn eigen vrouw, Nienke Römer: 'Gun een kabouter zijn muts.'

Dat vond ik nou zo'n goeie. Kijk, iedere kabouter heeft een eigen muts, en ieder mens heeft een eigenaardigheid. De een wil per se tijdens het ontbijt in alle rust de krant lezen, de ander moet drie keer per week uitputtend sporten om mentaal gezond te blijven. De een heeft negen, liefst tien uur slaap nodig, de ander moet juist één keer per week finaal doorzakken om een beetje een gezellig, aanspreekbaar mens te zijn. De een houdt niet van kaas (maar wel gesmolten), de ander niet van 'drijvende groenten' (mijn naaste familie weet wie ik bedoel). De een heeft een bizarre voorliefde voor Disneyfilms, de ander vindt het heel fijn om tot diep in de nacht lugubere crimesites te spellen. De een heeft altijd een ochtendhumeur (ik), en daardoor weet de ander (mijn man) dat hij beter het ontbijt kan maken. Iedere kabouter zijn eigen muts.

En het woord 'gunnen' is ook vrij belangrijk in deze zin. Je moet die muts van die kabouter niet alleen accepteren, dus: niet grommend dat ontbijt klaarmaken terwijl je verkondigt dat je al járen weet dat je vrouw een ochtendhumeur heeft en daardoor voor negenen 's ochtends tot werkelijk niets praktisch in staat is, nee, gunnen betekent: neuriënd die boterhammen in de broodrooster stoppen en denken: zij heeft nu even haar ochtendhumeur, ik laat haar tot zichzelf komen. Prrrrrima.

Het rare is: dan gunnen andere kabouters je ook makkelijker jóúw muts. Zo gunde ik mijn zus die hier uit Amerika op bezoek was onlangs de muts dat zij het haar hele logeerpartij over haar glutenvrije dieet heeft gehad, en ik weet zeker dat zij mij de muts gunt dat alles in mijn agenda altijd moet wijken voor mijn kinderen (al heeft ze zelf geen kinderen en zie ik haar maar twee keer per jaar). Daarbij mopperen en zeuren we niet, we gunnen elkaar de muts. (Af en toe een grap over de muts mag trouwens wel.)

Je kunt het trouwens ook vrij letterlijk opvatten, bedenk ik nu: dat je iemand een kledingstuk gunt. In relaties is het vaak zo dat de vrouw meer koopt dan de man – bij mij thuis tenminste – en dan vaak ook nog rare modische items waar de man niets in ziet. Zo gunde Gijs het mij laatst met een enorme glimlach dat ik puntige laklaarzen met een plateauzool had gekocht. Die, bedenk ik nu ik dit zo opschrijf, bij de gemiddelde kabouter niet hadden misstaan.

De ervaring dat je het druk hebt

Net als ieder modern mens roep ik vaak dat ik het druk heb, om vervolgens een vrij vinnige innerlijke dialoog aan te gaan. Want hoe druk heb ik het nou écht? Ik bedoel, er zijn veel mensen die het veel drukker hebben. Ik heb deadlines, ik heb kinderen, ik heb altijd heel veel was, ik heb een sociaal leven dat ik enigszins bloeiende wil zien te houden, maar ik heb het toch zéker niet zo druk als die ene vrouw met een eigen multinational en vier kinderen over wie ik laatst hoorde dat ze het zo druk had dat ze soms 's nachts de keukenvloer dweilde. (Waarom dweilt een vrouw met een eigen multinational in godsnaam zelf de vloer? Misschien is het haar hobby. Moet je ook tijd voor maken.)

Maar goed, ik mag van mezelf niet beweren dat ik het druk heb. Want ik ben een freelancer met een heerlijk, zelf in te delen werkend leventje, en twee kinderen die allang hun billen kunnen afvegen! Er waren inderdaad een paar jaren dat ik het gigantisch druk had (toen die kinderen nog nul en een waren en ik nog meer deadlines had en vele uren minder slaap), maar ik geloof dat ik het in die tijd te druk had om überhaupt door te hebben dat ik het druk had.

Maar. Soms voelt het toch alsof ik het heel druk heb. En dan is het alleen maar vervelend als mijn ene innerlijke ik – hoe noem je diegene? – tegen mijn andere innerlijke ik gaat lopen roepen dat het écht wel meevalt met de drukte. Word je niet echt rustiger van, dat constante zelfverwijt dat je het eigenlijk helemaal niet zo druk hebt en dat je je niet zo vreselijk moet aanstellen.

En toen las ik een interview met Renske de Greef. Zij is columnist, net als ik, ze heeft qua werkbestaan een vergelijkbaar leven. En zij zei: 'Ik heb snel de ervaring dat ik het te druk heb.' Ha, maar dat was een goeie! Dat was precies wat ik ook had. Tuurlijk, als ik het op een to-dolijstje zette, was mijn dag heel overzichtelijk. Stukje schrijven voor *de Volkskrant*. Koffiedrinken met werkgever. Stukje schrijven voor *Flow*. Toneelstuk herzien. Thuis zijn als de kinderen thuiskomen.

Maar als ik dan eenmaal bezig was, en er kwam een e-mail doorheen, en de werkgever was een half uur te laat, en ik praatte per ongeluk best lang op de stoep met de buurvrouw, en daar dreigde alweer het eind van de schooldag, dan voelde het ineens toch als heel druk. En dat is feitelijk ook wat druk zijn is. Het is een zeer persoonlijke ervaring. Sommige mensen ervaren het moeten kopen van één postzegel als een drukke dag (die tijden heb ik ook gekend, geloof me). En sommige mensen ervaren het leiden van een multinational, vier kinderen opvoeden en 's nachts nog even lekker met de dweil door de keuken rauzen als een drukke dag. Er is geen standaarddefinitie van een drukke dag.

Dus als mijn innerlijke ikken weer een woedend gesprek met elkaar aangaan – 'Denk je dat je het druk hebt? Dat valt echt wel mee.' 'Nou, ik ben anders heel moe, en het is pas half elf 's ochtends!' – dan kom ik tussenbeide met: 'Ik heb gewoon snel de ervaring dat ik het druk heb.' En daar kan niemand, ikzelf ook niet, iets tegen inbrengen.

Als je zelf geen stijl hebt, moet je een stylist inschakelen

Ik stond te telefoneren op een brug over het Singel in Amsterdam en waande me onbespied. Ik droeg een donkerblauwe spijkerbroek, rode hoge hakken, en in die hakken roze sokken. Eigenlijk vond ik dat wel een kekke combinatie. Erg diep had ik er niet over nagedacht, maar rood, roze en donkerblauw, dat leek me wel wat.

Later die dag kreeg ik een e-mail van Ben Min, de chef van het modeblad waar ik toen voor schreef. Hij had me gezien met mijn rode schoenen en roze sokken, en was zwaar geshockeerd. Het beeld van mij en mijn stijlloze combi moet lang op zijn netvlies gebrand hebben, want een paar maanden later benaderde hij mij over het onderwerp 'Stijl, hoe krijg je het?' Ik schreef hem een extreem gepikeerde e-mail terug en accepteerde de opdracht.

In mijn zoektocht naar stijl had ik me natuurlijk kunnen verdiepen in de enorme stortvloed van koffietafelboeken met daarin wijsheden als 'Stijl zit in jezelf' en 'Stijl is een klein zwart jurkje met een simpele parelketting'. Maar ik wilde keihard, praktisch advies. Als in: 'Mag ik deze rok aan, ja of nee?'

En zo meldde ik me bij twee wijsgeren. Voor de kleding ging ik naar San Ming, alias Stylemeister, mode- en interieurgoeroe voor allerlei winkels, tijdschriften en soms privépersonen. Voor het interieur wendde ik me tot Paul Linse. Hij runt Studio Linse voor interieurarchitectuur en 'doet' onder andere Schiphol, hippe viswinkels en huizen en jachten van rijke mensen.

Want het is waar: ik heb geen stijl. Ach, ik heb weleens stijl. Soms trek ik op een morgen net de goede spijkerbroek aan, en het juiste T-shirtje, en die *casual yet elegant yet modern yet timeless* hooggehakte sandaaltjes, en dan krijg ik heus wel iets Audrey Hepburnesks over me. Maar dat is dan gewoon per ongeluk. Er zijn net zo veel dagen dat ik in een vreemde flodderrok het huis verlaat, mijn bril op mijn neus (een bril die ik bij de feestwinkel heb gekocht, echt) en wegrij op mijn fiets met knalrode plastic fietstassen, die alleen in zeer selecte gezelschappen als stijliconen gezien zouden kunnen worden.

Ook mijn huis is niet de *Elle Wonen*-fantasie die het zou moeten zijn. Al ben ik trots op mijn interieur – na mijn verhuizing in de ene koopexplosie na de andere bij elkaar gewinkeld –, toch weet ik heus wel dat ik niet in een woonblad mag. Ik heb niet zo'n mix van een retedure Le Corbusier-stoel met die ene geweldige salontafel uit de Brusselse vintagewinkel waarbij dan net weer dat Afrikaanse krukje zo prachtig staat. De mix bij mij is toch vooral IKEA met voor de afwisseling wat van Loods 5. De enige vintagevondst is het tafeltje uit de Groningse tweedehandswinkel Mamamini. Een oerend lelijk ding met 'Louis XIV-details' dat op geen enkel denkbare wijze bij de rest van mijn spullen past, maar toch steeds mee moet. Als een mottig huisdier dat in je leven blijft omdat je er nu eenmaal van houdt.

Maar genoeg metaforen over mottige huisdieren. Op een maandagavond meld ik me bij het huis van San Ming, in een chique buurt in Amsterdam. In het weekend heb ik overwogen een Diane von Furstenberg-jurk aan te doen om Ming, zoals hij zichzelf noemt, onder ogen te kunnen komen. Maar dat zou valsspelen zijn. Dus draag ik de outfit waarin ik al de hele dag rondloop: een grijs shirtje, een kaki broek en gouden Puma's.

Op weg naar Mings huis ben ik gaan zweten, want ik ben zenuwachtig. Hoe vaak kom je nou over de vloer bij een stijlgoeroe die Ming heet? Bovendien heb ik een grote tas met kleren bij me, waarbij ik erg twijfel aan de stijlvolheid ervan. Tot die verzameling behoort een polyester tijgerprintbloesje van Bershka (met hippe pofmouwen) en een hippietuniekje van H&M met knalgroene en roze bloemen.

Het huis van Ming blijkt inderdaad de stijlvolle oase die ik had verwacht, met Diptique-kaarsen, orchideeën en zwarte muren. Op mijn Puma's, die met de seconde minder hip voelen, loop ik mee naar zijn stijlvolle werkkamer. Daar schenkt Ming mij stijlvol water in (Hildon, uit een glazen fles).

Voordat ik het tijgerbloesje tevoorschijn durf te halen, stel ik Ming een hoop algemene vragen. Allereerst de prangendste: 'Hoe krijg je stijl?' (Lees: 'Hoe krijg ik stijl?') 'Dat vragen mensen me altijd,' zegt Ming. 'Maar ik vraag het me nooit af. Het gaat vanzelf.' Hij vindt het niet erg dat er op de wereld veel stijlloze figuren rondlopen, en voelt helemaal niet de behoefte ze allemaal te make-overen. 'Ik hoef niet met ze te leven.'

Langzaamaan komen er toch wat stijladviezen uit Ming. Zo is hij tegen zwarte kleren, want dat is 'te makkelijk'. Een heel 'uniform' van één merk vindt hij 'dodelijk'. 'Al is een pakje van Chanel natuurlijk wel heel mooi.' Hij draagt zelf altijd klassiekers. Ook vindt hij dat kleding iets komisch moet hebben. Een driedelig pak van heel grove tweed, bijvoorbeeld, daar is hij erg voor. Als Ming iets mooi vindt, koopt hij het altijd in drievoud. En als het nergens te krijgen is – omdat het bijvoorbeeld zó avant-garde is dat geen winkel het nog heeft –, laat hij het gewoon maken.

Nederlanders, vindt Ming, krijgen het de laatste paar jaar een beetje door. 'Jarenlang hielden Nederlanders ontzettend van pastelkleuren,' aldus Ming. 'Van die slappe tinten.' Maar dat is aan het veranderen. 'Door winkels als Zara kunnen mensen zich beter kleden. Maar ja, je blijft een hoop blote buiken zien, en mensen die als het ware in hun boxershorts de straat op gaan. Toploos in de tram. Mensen die stinken.' Hij kijkt moeilijk.

Stijl heeft volgens Ming met beschaving te maken. Tijdens een weekendje in Antwerpen zag hij weer hoe anders het kan zijn. 'Daar kleden mensen zich aan voor het diner en praten de kinderen rustig met elkaar. Dat is ook stijl. Daar begint het mee.' Ik denk terug aan sessies bij de Chinees, vroeger, waarbij mijn broer onder de tafel zat en mijn zus en ik luidkeels op elkaar scholden. Daarom ben ik zo'n stijlloos wezen geworden.

Ming wil niet belerend doen, zegt hij. Maar hij vindt wel dat vrouwen (en mannen) de boel niet moeten laten verslonzen. 'En je moet een paar dure dingen kopen. Een jasje, een broek, een colbert. En schoenen van leer!' Dat hoeft niet allemaal Gucci te zijn. 'Je moet gewoon aan de stof voelen, dan voel je vanzelf wel of het goed is.' Ik vrees het moment waarop ik hem mijn polyester miskopen ga laten zien.

Maar dan komt Ming met een fijne observatie. 'Als je een leuk mens bent, is je top ook algauw leuk. Als je niet leuk in het leven staat, kun je geen stijl hebben.' Pfff, opluchting. Ik vind mezelf best leuk. Dus dan kan mijn top kennelijk ook. Ik vraag hem naar zijn stijliconen, en hij noemt Tina Chow (overleden in 1992), een bekend Amerikaans-Duits-Japans fotomodel uit de jaren tachtig, met wie hij bevriend was. 'Toen ik haar voor het eerst zag, had ze een simpel wit T-shirt aan, met daaroverheen twee kasjmieren vesten over elkaar, een zwarte broek en Chanel-ballerina's.' Ik kan me er iets bij voorstellen. In mijn hoofd begin ik uit te rekenen hoeveel twee kasjmieren vesten kosten.

Nu moet ik mijn malle kleren aan Ming tonen. Hij is mild. Het tijgerbloesje vindt hij leuk, als ik het draag met een grijs flanellen rokje met een riempje om de heftigheid te temperen. De tuniek met bloemen mag ook. Niet op een spijkerbroek (te ordi), maar wel op een wijde, witte, 'pyjama-palazzo-broek', een beetje als een opgeruimde hippie. Het geel-zwart geblokte minirokje vindt hij zelfs mooi, als ik het draag met een T-shirt van zwart glanskatoen.

De in een vlaag van waanzin aangeschafte glittermini-jurk mag ook, met een wijde rok en ballerina's eronder. De blauw gebloemde bloes van Vero Moda, waarin ik mezelf na één keer dragen een Volendamse vissersvrouw vond, is een twijfelgeval. 'Als je oud-Hollandse kant koopt en dat er langs de randen aan zet, wordt hij mooi. Dan ben je helemaal een Pools meisje.' Ming vraagt me wat mijn mooiste jurk is. Een gestreepte Missoni, gekregen, ooit. 'Die kan ook met het tijgerbloesje!' roept hij uit. Eureka. Verlicht en opgelucht verlaat ik zijn huis. Alles mag, als het maar mooi is. En als Ming maar naast me staat, roepend om grijs flanel en oud-Hollandse kant.

Een paar dagen later ontvang ik thuis Paul Linse, de interieurweetal. Ik heb me voorgenomen om niet op te ruimen (troep is ook stijl), maar als hij belt dat hij later is, ga ik toch maar de afwasmachine inruimen. En een heleboel papieren weggooien. En nadenken over in welk kopje ik hem thee zal serveren.

Als Paul binnenkomt, hoor ik hem al 'IKEA' zuchten. Eerst gaan we aan mijn tafel zitten voor mijn algemene stijlvragen. Daarna mag Paul los door mijn huis lopen. Paul stylet bijna nooit meer huizen voor privépersonen, tenzij het bijzondere mensen zijn. Een intellectuele vrouw met een supercollectie kunstboeken bijvoorbeeld. Of een internationale modemogol. Momenteel is hij bezig met een jacht dat zo groot is als een flatgebouw. 'Het past niet in de haven van Saint-Tropez.' (Dit is, denk ik, het ultieme luxeprobleem.) Zijn klanten zijn mensen met geld én stijl. Ze hoeven geen Swarovski-kristallen als leitmotiv, maar houden wel van chique spulletjes. En daar houdt Paul ook van. Al zou hij zelf het liefst in een museum wonen, met een matrasje op de grond. Want Paul is heel erg van het minimalisme. Paul lééft voor mooi. Op zijn tiende verruilde hij zijn *Donald Duck*-abonnement voor *Eigen Huis & Interieur.*

'Het belangrijkste is dat ruimtes kloppen,' vindt Paul. 'Dat de proporties goed zijn. Ik hou van serene ruimtes, die verstild zijn. Maar ik hou ook van glans: mooie stoffen, mooie materialen. *Understated*, maar met allure.' Ja, daar hou ik ook van, maar hoe doe je dat nou, praktisch gezien?

We lopen door mijn huisje en hij vraagt of hij eerlijk mag zijn. Dat mag. Hij wijst naar de multikleurige kroonluchter die boven mijn tafel hangt. 'Dit vind ik echt vreselijk. Meuk is niet leuk. Het is kitsch. Een meisjesding.' Ik vertel hem dat ik vijfhonderd euro voor die lamp heb betaald en dat hij van glas is. 'Dat glas lijkt wonderlijk veel op plastic,' zegt Paul. 'Knap gedaan.' Ik vraag of ik de lamp boven mijn bed mag hangen, waar haast niemand hem ziet. 'Of ónder je bed?' oppert Paul. Hij is sowieso tegen hanglampen boven tafels. 'Ik vind een staande lamp mooier. Dan kan een tafel alle kanten op en kan een eettafel ook een desk zijn.'

We gaan naar het woongedeelte, alwaar een grijze IKEA-bank en een groene loveseat de boel domineren. 'Ik vind het best,' zegt Paul, 'maar een van de twee moet weg.' Gewoon twee makkelijke zitmeubels kopen bij grote meubelwinkels, dat mag niet. Het ene had een geinige vintagevondst moeten zijn, vindt Paul. Ook het schilderij boven de bank wordt afgekeurd. 'Het moet veel groter. Dit is sneu.'

Gelukkig heb ik ook wat dingen goed gedaan. De keuken (glanzend rood met eikenhout) is prima, en de grote, groene Chinese kast ook. 'Maar dan had je niet ook groene eettafelstoelen moeten kopen, want dan is het weer zo'n setje.' Paul vindt onverwachte dingen leuk. In mijn huis zit bijvoorbeeld een verlaagd plafond, wat de meeste mensen te seventies vinden. Maar Paul vindt het goed – als ik het laat stuken. Ook het bureau van mijn opa valt in de smaak. 'Dat is heel *personal*.' Ook vergeeft hij me sommige van mijn keuzes. Dat ik veel boeken in het zicht heb, vindt hij te onrustig. 'Maar het hoort bij jou.'

Kort gezegd, als ik de kroonluchter van het balkon gooi, het plafond stuuk, de vloer antraciet verf, een enorm kunstwerk aanschaf en in plaats van groene stoelen donkerbruine koop, ben ik al een heel eind. Na zijn ronde biedt Paul zijn excuses aan. 'Ik zou het vreselijk vinden als iemand mijn huis zo zou bekritiseren,' zegt hij. Ik niet. Hoe vaak krijg je nou een stijlgoeroe met gevoel voor humor op bezoek, die zegt dat je houten vloer 'veel te geel' is?

Een week later. Ming en Paul zijn uit mijn leven verdwenen, maar ze zijn zeer aanwezig in mijn gedachten. Na Ming heb ik zilveren ballerina's gekocht, omdat hij had gezegd dat altijd maar die gympen echt niet konden. En ik heb opnieuw sympathie voor mijn tijgerbloesje opgevat. Dat oud-Hollandse kant heb ik nog niet aangeschaft, dat is een project voor later, of, realistischer, nooit.

De avond post-Paul heb ik vaak naar mijn kroonluchter gekeken. Zijn woorden spookten door mijn hoofd: 'Als je er vijf euro voor had betaald, had ik hem nog wel leuk gevonden.'

Ik besluit dat de kroonluchter boven mijn bed moet. Ik gooi hem er niet uit. (Een jaar later wel, trouwens.) De vloer antraciet beitsen, daar moet ik nog over nadenken. Maar die groene stoelen, die zo'n knullig 'setje' vormen met mijn groene kast, vliegen er binnenkort uit. Net als dat te kleine schilderij. In de woorden van Paul: 'Als je zelf geen stijl hebt, moet je een stylist inschakelen.' Wat een oplossing. Simpel. En dus stijlvol.

Dit is onderhoud

Soms kun je een levensveranderend inzicht opdoen op een onverwacht moment: uit de mond van Irene Moors bijvoorbeeld, die ooit te gast was bij het komische tv-programma *De Kwis*.

De gast moest altijd foto's laten zien van wat hij of zij de afgelopen week meegemaakt had. Irene Moors was Wesley Sneijder tegengekomen in een restaurant, dat was het hoogtepunt, en ze had in een warmtecabine spieroefeningen gedaan, maar dat deed ze elke week, dus dat was een huis-tuin-en-keukenfotootje. Het zag er grappig uit, hoe ze in die cabine lag; toevallig heb ik twee vriendinnen die ook zweren bij sporten in zo'n warm glazen kasje, dus ik kende het fenomeen, maar wist niet precies hoe het eruitzag. Maar het ging erom wat Irene Moors erbij zei toen ze de foto van haar sportuurtje liet zien. 'Dit is onderhoud.' Dat vond ik zo'n goeie: 'Dit is onderhoud.'

Op een bepaald moment in je leven moet je misschien aan jezelf toegeven dat je jezelf niet meer drastisch gaat metamorfoseren middels sport. Ikzelf dacht jarenlang, ongeveer tot aan de avond dat ik Irene Moors 'Dit is onderhoud' hoorde zeggen, dat ik dat wél ging doen. Ging ik op yoga, dan googelde ik na de eerste les meteen op afbeeldingen van *yoga metamorphosis*. Vele resultaten kreeg ik dan, allemaal foto's van mensen die ooit dik, krom en onlenig waren geweest en nu tanig en zen in de kamelenpose lagen. Ging ik op CrossFit, dan, hup, googelde ik *crossfit metamorphosis* en ja hoor, daar waren ze, de honderden succesverhalen van mensen die ooit tv- en chipsverslaafd waren, en nu vijf keer per week in een crossfitbox aan al hun spiergroepen tegelijk werkten, met zeer veel zichtbaar resultaat.

Ik geloof dat ik die afbeeldingen opzocht om mezelf te motiveren om deze sport nu eens vol te houden (en meer dan één keer per week te beoefenen, gedurende meer dan een maand), maar uiteindelijk waren de voor-en-nafoto's van doorgeslagen yogi, crossfitters, hardlopers en baantjeszwemmers natuurlijk ook demotiverend, want ik ging zo'n compleet gemetamorfoseerd lijf niet krijgen. Ik heb het te druk met andere zaken, zoals mijn werk en mijn gezin, en al had ik dat niet; ik denk niet dat ik gauw vijf uur per week aan wat voor sport dan ook zou kunnen besteden. Het zit er gewoon niet in.

Maar een mens moet sporten, of in ieder geval bewegen, en daarom is die uitspraak over onderhoud zo goed. Het is net als met je huis: dat hoef je niet per se helemaal met designmeubels en volgens verantwoord gekozen feng-shuizichtlijnen in te richten, maar je moet af en toe wel een muur verven of een dakpan vervangen. Het onderhoud is een noodzaak. En zo is dat met het lichaam ook. Als je daaraan toekomt, mag je tevreden zijn.

Ik kan me voorstellen dat Irene Moors en andere mensen die in termen van onderhoud denken ook veel tevredener uit hun sportlesje komen. Het onderhoud is gepleegd. Oké, ze hebben er geen zichtbaar sixpack aan overgehouden, en zullen op Instagram nooit kunnen opscheppen met de hoofdstanden die ze beheersen, ze zijn misschien geen gram afgevallen, maar ze zijn iets sterker, flexibeler en fitter dan een uur ervoor.

En over een paar dagen plegen ze weer wat onderhoud. Dat is een haalbare kaart – en een haalbare kaart is altijd fijner, en gezonder, dan plaatjes kijken van mensen die hun leven aan het perfecte lichaam hebben gewijd.

Wie bescheiden is, hoeft niet in één ding uit te blinken

Een heel fijne niche in het genre interview vind ik de interviews met honderdjarigen die in *de Volkskrant* staan. Weinig mensen hebben meer levenservaring dan een honderdjarige die nog in staat is om het na te vertellen, zou ik zeggen, en om op zijn of haar leven te bespiegelen.

Nu las ik weer zo'n stuk, dat me raakte, met een man die ook de honderd had gehaald, nog uiterst kwiek van geest was en terugkeek op een eeuw lang leven. Filip Boeke heette hij, en hij was musicus en psycholoog geweest. Maar hij had ook zelf een huis gebouwd in Frankrijk, kinderen grootgebracht, veel gelezen, allerlei verschillende interessante dingen gedaan. Hij was ervoor dat een mens altijd moet knutselen, iets met zijn handen moet doen. Ik kan me daar erg in vinden.

Aan het eind van het interview liet hij een zinnetje vallen dat bij mij insloeg als een bom. Boeke was zijn hele leven een bescheiden, verlegen man geweest, dat kon je ook merken aan de dingen die hij zei. En hij merkte daar zelf over op: 'Wie bescheiden is, leeft op zijn gevoel en is veelzijdig, want hoeft niet in één ding uit te blinken.'

Die zin moest ik twee keer lezen om hem echt te begrijpen. En het is natuurlijk waar. Als je bescheiden bent, hoef je niet per se uit te blinken. En als je niet hoeft uit te blinken, kun je veelzijdig zijn. Je hoeft, bijvoorbeeld, niet je hele leven te besteden aan de állerbeste formule 1-coureur van de wereld worden. Of de allerhoogste directeur van het bedrijf waar je werkt. Nee, je kunt kijken waar je gevoel je brengt en veelzijdig blijven, want ook als je besluit een tijdje te gaan edelsmeden, zonder enige kennis van zaken – toevallig mijn nieuwe interesse en hobby –, dan hoef je niet meteen de beste edelsmid van Nederland te worden. Want je bent bescheiden.

Ik vond dit zo'n mooie gedachte. Ze werkt ook nog eens twee kanten op. Ten eerste wordt bescheidenheid tegenwoordig vaak gezien als iets wat tégen je werkt. Je mag niet te bescheiden zijn, je moet van de daken roepen dat je bestaat, op alle sociale media over al je prestaties roeptoeteren. Bescheiden zijn is voor watjes, zo kijken mensen er nu een beetje naar. Maar bescheiden zijn leidt dus tot iets heel goeds: je hoeft niet bovenmatig te presteren en je heel nauw te focussen op één ding, en daardoor kun je je op meerdere talenten en kundes toeleggen. Net als Filip Boeke, die zich richtte op muziek, psychologie én zelf huizen bouwen.

Het werkt ook de andere kant op: soms vinden mensen veelzijdigheid een beetje versnipperd. Hoe vaak ik niet heb gehoord dat ik me meer moet focussen, dat ik me niet zo moet verliezen in het ene werkproject na het andere, en vooral ook niet in de ene hobby na de andere cursus. Veelzijdigheid is een kwestie van bescheiden zijn, bleek uit het citaat van deze honderdjarige. En daarmee een deugd!

Op inspiratie wachten is voor amateurs

Af en toe geef ik een workshop over columns schrijven en een vraag die ik dan steevast krijg, is: 'Hoe krijg je inspiratie?' Ik vind die vraag, hoewel het de meest gestelde is, nog steeds lastig te beantwoorden. Want hoe gaat dat eigenlijk? Hoe krijg je een idee? Hoe vind je iets interessant genoeg? Hoe weet je of het ook boeiend voor anderen is? Hoe weet je of het meer is dan een anekdote voor feesten en partijen, maar iets voor in een blad of krant? Hoe kom je überhaupt ooit op iets? Eigenlijk moet je vooral maar niet te veel over inspiratie nadenken, want voor je het weet, denk je: het is te moeilijk om inspiratie te krijgen, het zal me wel nooit meer overkomen, ik stop ermee.

Totdat ik de aflevering over illustrator Christoph Niemann zag in de Netflix-documentaireserie *Abstract* (een serie over allerlei mensen met leuke creatieve beroepen, sowieso een aanrader. Die over de gympenontwerper is ook erg boeiend, vond ik). Deze Niemann is een grote naam in de wereld van het illustreren: zo ontwerpt hij vaak de cover van het blad *The New Yorker* en maakt hij ook allerlei vrij werk; illustraties waarin een echt object, bijvoorbeeld een kam die hij op het papier legt of een koffievlek die hij tijdens het tekenen maakt, een rol speelt. Hij is heel goed. En hij werkt heel hard. En hij is Duits, dus hij zit in een steriel kantoor netjes gekamd en gekleed keurig op tijd zijn vele deadlines te halen.

Over inspiratie zei hij: 'Inspiratie is voor amateurs. De rest van ons staat 's morgens gewoon op en gaat aan het werk.' Die quote, zei Niemann erbij, had hij overigens niet zelf bedacht. Hij had hem van de beroemde kunstenaar Chuck Close, van wie ik toevallig ook een groot bewonderaar ben. Dit moest wel ergens op slaan. Als Close het zei en Niemann hem citeerde, dan was het zo. Twee grote kunstenaars die moeten leven van hun inspiratie zeggen dat het een kwestie is van opstaan en aan het werk gaan.

En dat ís natuurlijk ook zo. Ik wil mezelf qua kunstige prestaties niet op één lijn stellen met deze twee, maar voor mij werkt het hetzelfde. Ik kan de hele dag door het park gaan wandelen in de hoop dat er een goeie ingeving op me neerdaalt, of uren op een bankje voor me uit gaan zitten staren, maar het werkt veel beter als ik achter mijn bureau ga zitten, de laptop openklap, Word aanzet en een leeg document open. Daar moeten woorden op, en die begin ik dan ook alras te typen. Wat er verder uiteindelijk van wordt, merk ik na het schrappen en herschrijven wel, maar er gebeurt in ieder geval iets. En er gebeurt niks als, in mijn geval, de laptop niet opengaat. Als ik niet gewoon aan het werk ga.

Bij Christopher Niemann is het de pen die hij moet oppakken, en bij Close de kwast. Niemann liet zelfs trucs zien in de docu, althans, ik vermoed dat het zijn trucs zijn om op te warmen en vervolgens met dat pennetje aan het werk te gaan: de losse schetsen die hij maakt met haarkammen en koffievlekken brengen hem op gang. En vervolgens kan hij verder tekenen voor zijn grote, prestigieuze opdrachtgevers. Hij gaat zitten en hij gaat werken. Zo onromantisch is inspiratie. Heel fijn eigenlijk.

Maak ook eens een *done list*

Sinds kort heb ik een nieuwe techniek om op Instagram stijliconen voor mezelf te vinden; ik zoek naar vrouwen die vanzelf al een beetje op mij lijken en die ik er leuk vind uitzien, en dan ga ik ze volgen om te kijken hoe ze zich aankleden en hoe ze bijvoorbeeld hun vetplantjes stijlvol op een vensterbank zetten. Dit werkt beter dan foto's bekijken van twintigjarige meisjes in bikini op vriendinnenweekend op een wit strand op Bali, want die meisjes ben ik niet, hun leven heb ik niet en ik moet ook niet de ambitie hebben om ze te zijn.

Zo kwam ik op de Insta terecht van Christene Barberich, medeoprichter van een online magazine dat *Refinery29* heet, en via het bekijken van haar foto's kwam ik ineens op haar wijsheid over het maken van 'gedaanlijstjes'. Zij vertelde in een interview over haar werk op Entrepreneur.com: 'Aan het eind van de week loop ik mijn agenda door, en dan maak ik een lijstje van alle dingen die ik die week voor elkaar heb gekregen.'

Wat? Shockerend! Ik ben, net zoals de meeste mensen waarschijnlijk, altijd bezig met to-dolijsten maken (en niet goed afwerken). Ook mijn agenda zie ik als een eeuwige to-dolijst, een lijst met taken die ik in de toekomst moet doen, maar niet zoals ik hem ook zou kunnen zien: een boekje waarin ik kan teruglezen wat ik lekker al volbracht heb.

Dat is al een brainwave. En daar komt bij, als bonus, dat je in een week vaak ook nog allerlei dingen hebt gedaan die helemaal niet op een lijstje of in een agenda stonden, dus die je niet geruststellend hebt kunnen afstrepen, maar die je wel degelijk gedaan hebt. En: die niet met werk te maken hebben – werktaken vormen vaak de grootste portie van to-dolijsten – maar die toch belangrijk waren.

Deze week heb ik bijvoorbeeld een lang uitgesteld bezoekje aan de huisarts gebracht en twee keer familieleden te eten gehad die ik al veel te lang niet had gezien. Dat mag ik opschrijven! Ook heb ik twee goeie films gezien, met een vriendin een nieuw soort burrito gegeten, eindelijk het abonnement op de yogaschool geregeld en meteen drie keer hot yoga gedaan, een voorwoord geschreven, zes columns geschreven, twee wandelingen gemaakt, de slappe lach gehad met mijn kinderen, met mijn dochter het perfecte recept voor brownies gevonden en in een meer gezwommen. Wat een week!

En: wat een lijst. Ik moet dit echt vaker doen, in plaats van lijstjes met taken voor in de toekomst te maken of, erger nog, vertwijfeld te staren naar gemaakte lijsten en te piekeren over hoe dat allemaal af moet. *The Done List* noemt Barberich het, het gedaanlijstje. Dus: ik heb deze week geleerd wat een Done List is. Kan op de lijst.

’t Is allemaal een hele kleine zandkorrel

In 2017 overleed documentairemaakster Hedda van Gennep, een van de indrukwekkendste mensen die ik gekend heb. Zo indrukwekkend dat ik soms zelfs een beetje bang voor haar was, want ze kon flink hard roepen en ze had overal een mening over. Deze twee eigenschappen combineerde ze met elkaar: ze riep vaak hard haar mening. Daar hou ik van, maar je kunt er soms ook geïntimideerd door raken.

Behalve dat was Hedda ook een hartelijk, lief, grappig mens. Hoewel ze zelf al tegen de negentig liep, deed ze nog steeds boodschappen voor buurtgenoten die zwak of ziek waren. En toen mijn oudste geboren werd, stond ze kwiek en energiek als een van de eersten voor de deur. Bij de geboorte van Gijs, mijn man, was ze ook. Daarom zei ze altijd: ‘Ik ben de vader van Gijs.’ Ze had ook een buitensporige energie en gastvrijheid. Ze zwom tot op hoge leeftijd, en als je bij haar aanbelde, werd je altijd onmiddellijk binnen uitgenodigd.

De laatste keer dat wij zomaar bij haar op het raam klopten omdat we in de buurt waren – ze was net ziek, maar wist nog niet wat ze had – nodigde ze ons ook meteen weer uit om binnen te komen en dwong ons lekkere taartjes te eten die ze net gekregen had.

En dan was ze dus ook nog een beroemde documentairemaakster. En moeder, oma en overgrootoma. Actief als oppasovergrootoma, bijna tot de laatste snik. Daarom was het misschien zo opvallend dat er bij haar overlijdensadvertentie de volgende strofe stond uit een gedicht van Ingrid Jonker: '*Korreltjie klein is my woord / korreltjie niks is my dood.*' Dat betekent zo veel als: mijn woord is een kleine zandkorrel, en mijn dood is niks.

Het is waar: als je het op de hele geschiedenis beziet, en op de hele wereld, is je eigen woord amper iets. Een heel klein druppeltje op een hele grote gloeiende plaat. En je dood, tja, die is uiteindelijk ook niks. Je bent in leven even een korreltje, en daarna verander je in niks. Het klinkt droevig, maar dat is het eigenlijk niet. Zelfs iemand als Hedda, die veel betekend heeft voor de mensen om haar heen, en die belangrijke films heeft gemaakt, was dat: een korreltjie klein.

En in plaats van droevig is dat eigenlijk een opluchting. In de weken na haar dood dacht ik nog vaak aan die zinnen 'Korreltjie klein is my woord / korreltjie niks is my dood'. Of ik dacht alleen maar: 'korreltjie klein'. Bij een ruzie, bij een vervelende discussie. Bij een werkkwestie die ik als iets heel groots was gaan ervaren. Tijdens gepieker 's avonds laat in bed. Korreltjie klein, dacht ik dan. Als het leven van Hedda al een korreltjie klein was, wat was dit dan?

't Is allemaal een druppel op een gloeiende plaat, een storm in een glas water, een hele kleine zandkorrel. En zelfs de grootste zandkorrels zijn toch nog klein. En ergens is dat een hele geruststelling.

Denk in problemen (soms)

'Ik denk in problemen, niet in oplossingen.' Dat is het adagium van mijn man Gijs. Hij is een pessimist en doet daar verder niet ingewikkeld over. Als ik begin over een mogelijk nieuw uit te voeren project – voor hem, voor mij, of voor ons hele gezin samen – begint hij meteen moeilijk te zuchten en te kijken.

Hij raadt het anderen ook van harte aan om pessimistisch te zijn. 'Denk in problemen, niet in oplossingen!' Soms is dat ook handig. Als je in problemen denkt, zie je alle beren op de weg ruim op tijd, kun je obstakels van tevoren wegnemen en kom je meestal heelhuids uit de strijd. En je raakt nooit gedesillusioneerd. Want je had al geen illusies!

Het is ook wel onhandig. Voor iemand als ik, die min of meer leeft voor het maken van plannen en het bedenken van het zoveelste wellicht nogal moeilijk uitvoerbare maar verder fantastische idee, is dat gezucht en gesteun van de andere partij soms irritant, en af en toe houdt het me ronduit tegen. Dan schreeuw ik tegen Gijs: 'Ja, jij ook altijd!' En dan geeft hij toe dat hij wellicht wat lastig in beweging te krijgen is. Door al die problemen waarin hij denkt. Maar. Maar. Het heeft ook voordelen. Naast zo'n raspessimist als Gijs steek ik namelijk altijd af als de optimist. Als de levensgenieter, de plannenmaker, de initiatiefneemster, de (laten we het gewoon maar zeggen) baas. En dat is natuurlijk best prettig.

En voor elke roekeloze optimist is er een redelijke pessimist nodig om de boel een beetje in het gareel te houden. Anders waren we nu al drie keer verhuisd, had ik al mijn spaargeld in een zelf te openen café gestoken, zaten de kinderen op drie soorten muziekles en vijf sporten en waren we al op twee wereldreizen geweest van het niet meer bestaande spaargeld dat ik in dat zelf te openen café had gestoken.

Het geldt ook andersom. De redelijke pessimist moet een roekeloze optimist aan zijn zijde hebben om nog een beetje op gang te komen. Om af en toe, tjákka!!!! lekker gek!!!, een vakantie naar Zuid-Frankrijk te boeken. Of om de verbouwing erdoor te rammen.

Als we dit eventjes wereldwijd bekijken, neigt de balans nu naar meer Gijzen dan Aven, qua pessimisme. Er zijn veel mensen die de meeste toekomstplannen somber inzien. En ik moet toegeven dat ik er zelf ook een begin te worden. Voor we het weten, denken we met zijn miljoenen tegelijk alleen nog maar in problemen (of kernoorlogen) en boekt er nooit meer iemand een vakantie.

Sta jezelf dus gerust toe om in problemen te denken, maar dwing jezelf er dan ook toe om eens iets heel erg leuk te vinden. Het is net als met die opruimregel 'als je iets nieuws koopt, moet je thuis iets weggooien'. Als je zit te doemdenken, moet je ook aan iets hoopgevends denken. Makkelijke oefening, thuis uit te voeren, gewoon op de bank: de krant doorbladeren tot je iets vindt wat over nieuw, leuk of hoopgevend gaat en niet met dreigende oorlog te maken heeft. (Het staat erin, echt.)

Koop geen antiek, maar een tienpersoonshoekbank

Hoe gek ik ook ben op woonbladen, met hun strak gestylede huizen en die bos veldbloemen die altijd fier staat te stralen op een robuuste tafel in een kamer waarin 'geleefd mag worden' (waar je verder geen bewijs van ziet, behalve een al even stijlvol in de hoek geworpen houten loopfietsje), ik ben ook wel érg dol op het bekijken van huizen van echte mensen.

Ik bedoel mensen die niet de hele dag met een plumeau en een kwast verse Farrow & Ball-middelgrijze verf door hun huis dwalen terwijl ze hun *nesting tables* op precies het juiste aantal centimeters van elkaar zetten.

Voor die kick, de kick van het bekijken van gewone huizen, heb ik de rubrieken *Buis en Haard* in de *VARA-gids* en de rubriek *Zo woont* in het reuzedegelijke *Eigen Huis Magazine*. Waarom? Omdat daarin mensen staan, weliswaar BN'ers, maar toch, die níét per se precies weten hoe je volgens de laatste woonmode moet leven. Ze hebben echte huizen, met een lelijke witte triplex keuken erin of een poef uit het jaar nul.

Dit keer stond Lucille Werner in *Zo woont*, met haar man en haar zoon. Ze sprak haar ergernis uit over de spullen op de trap – die eeuwigdurende strijd die ik thuis ook voer, en ik vermoed velen met ons, maar die je nooit kunt winnen.

En ze gaf advies: 'Koop geen antiek, maar een tienpersoonshoekbank.' Dit is zo waar, hoorde ik mezelf denken. Ik sprak het bijna hardop uit, zo roerend was ik het met haar eens.

Lucille Werner vertelde over een woonfout waarmee ze waarschijnlijk haar moeder voor het hoofd stootte: ze had ooit een antiek kastje van 1500 euro gekocht. Op dwingend aandringen van haar moeder. Op aandringen van een ander antieke zaken kopen moet je natuurlijk nooit doen. En het kastje beviel Lucille niet. Maar ja, weggooien kon niet, gezien de ooit betaalde prijs. Een kastje moet ook wel heel mooi en bijzonder zijn om je ter waarde van 1500 euro te bevallen.

Maar die gigantische hoekbank (hij moet wel echt tienpersoons zijn, ben ik het mee eens), daar kun je je met het hele gezin en nog wat aanverwanten op uitstrekken. En dat geeft vele, vele uren *joy*, al is het misschien als *objet* op zich niet zo bijzonder en esthetisch als een antiek kastje.

Dit, dacht ik, is mijn woonfilosofie in een notendop. Niet dat ik nou zo veel antieke kastjes bezit, maar ik kocht recentelijk wel een idioot grote hoekbank, die we zelfs nog verlengden door er een fauteuiltje in dezelfde stijl tussen te lassen (een echte IKEA-hack! ik was zo trots). Die bank is misschien niet de meest designerige, knappe of klassiek-tijdloze van de wereld, al vind ik hem leuk met zijn gecapitonneerde lichtgroene stof: hij is wel de aller-, allercomfortabelste.

Er is eigenlijk niets gezelligers dan je met het hele gezin of al je vrienden en familieleden uitstrekken over de L-vorm van textiel die je bank is. Vroeger hadden we twee banken, konden we ons ook op uitstrekken, maar nu liggen we allemaal op hetzelfde voorwerp. En dat ligt toch lekkerder. Kan geen antiek kastje tegenop.

Als het vanavond was

Een tijdlang luisterde ik vrij intensief naar *Een podcast over media*, die Alexander Klöpping en Ernst-Jan Pfauth maken over, inderdaad, media. Hieronder verstaan zij vooral internetmedia, en dat maakt het allemaal des te interessanter voor mij, want ik heb nu dankzij hun gebabbel zowaar meningen gekregen over zaken als 'privacy anno nu bestaat niet' (vrees dat dat klopt).

Het leuke aan de jongens, toch nerds van aard en sinds tijden ook van beroep, is dat ze in hun eeuwigdurende zoektocht om zichzelf en hun bedrijven beter te maken – Klöpping was oprichter van Blendle, Pfauth ex-uitgever van *De Correspondent* –, ook allerlei zelfhulpboeken, mindfulnessapps en aanverwante zaken bestuderen. En zo komen ze af en toe ineens ook zelf met een sympathieke boerenwijsheid die van ver voor Snapchat lijkt te stammen. Iets waar je echt wat aan hebt.

Zo had Pfauth volgens mij niet eens ergens gelezen, maar zelf bedacht dat je je, als je een klus, uitje of werkuitnodiging werd voorgelegd die zich ergens in de toekomst op een avond zou afspelen, altijd moest afvragen: 'Als het vanavond was, zou ik er dan naartoe gaan?'

Beide jongens hebben veel ervaring met uitnodigingen, want als je iets doet met internet, Het Nieuwe Uitgeven of digitale dingetjes is er natuurlijk een hele wereld aan debatavonden, congressen, bijeenkomsten in De Balie in Amsterdam en nieuwe media-evenementen waar je constant als spreker voor gevraagd wordt. 'Als het vanavond was, zou ik er dan naartoe gaan?' vraagt Ernst-Jan Pfauth zich altijd af bij de zoveelste uitnodiging.

O, dit is zo'n goeie. Want een voorgestelde eetdate met een vage, oude klasgenoot die pas over twee maanden plaatsvindt, daartegen zeg je min of meer als vanzelf ja. Wie dan leeft, wie dan op saaie eetdate gaat. Maar als je tegen jezelf zegt: je moet je voorstellen dat je vanavond uit eten moet met die oude klasgenoot op wie je niet zit te wachten – dan zeg je echt wel heel stellig nee. Want je wilt veel liever thuisblijven en de allerlaatste aflevering van je nieuwe Netflixverslaving kijken. Of een avondje Nuttig Sporten. Of gewoon slapen. Of zelfs werken!

'Als het vanavond was' werkt als een filter op uitnodigingen en plannen, die je vervolgens daadkrachtig kunt afslaan. Dan heb je nog wel een goeie smoes nodig, natuurlijk. En die smoes verzinnen kost wat energie. Maar het kost veel minder energie dan een te makkelijk gemaakte afspraak waar je op de avond zelf absoluut nul zin in blijkt te hebben.

Dat hebben we allemaal weleens gedaan

Het is wel ernstig met je gesteld als je niet alleen de woorden van je eigen goeroe, maar ook alles wat de echtgenoot van je goeroe zegt, in je leven gaat toepassen. Toch is dat met mij aan de hand, want ik denk best vaak aan de woorden van Jamie Rubin, de man van mijn Amerikaanse geluksgoeroe Gretchen Rubin.

Ik had mijn dag niet, en wat dan altijd een goede oplossing is, is een stuk wandelen met een fijne podcast erbij. Dit keer werd het *Happier*, de podcast van Gretchen en haar zus Liz, en de toepasselijke aflevering *Use the Emergency Kit for Anxiety, Worry, and Stress.* De twee zussen babbelen in elke aflevering met elkaar over geluk zoals alleen zussen dat kunnen, waarbij Gretchen de ijverige, zich altijd aan haar to-dolijstjes houdende, keihard sportende zus is, en Liz de ook wel hardwerkende maar nét iets luiere zus. Ik ben dol op Gretchen en Liz en hun Amerikaanse gekwek. En ik hou ook erg van de momenten waarop bijvoorbeeld Gretchen in de podcast de kast van Liz gaat opruimen. Doet me waarschijnlijk aan mijn eigen zus en mijzelf denken.

Maar goed, redelijk vaak in die podcast komt ook de wijsheid van echtgenoot Jamie voorbij, want net als ik is Gretchen Rubin iemand die bereid is om ieders zinnetjes over een Beter Leven te onthouden en die regelmatig tegen anderen te herhalen.

Ze hadden het erover dat je je soms zo druk kunt maken omdat je het verkeerde hebt gedaan op het werk; de zussen hadden het over het voorbeeld dat je per ongeluk 'reply all' indrukt bij het versturen van een mail die heel specifiek echt alleen maar voor één iemand uit de groep bestemd was.

En wat zegt Jamie dan, als Gretchen zoiets meemaakt in haar leven? '*We've all done it.*' 'Dat hebben we allemaal weleens gedaan.' Of, ook een mogelijke vertaling: 'We hebben het allemaal weleens meegemaakt.'

Gek genoeg is dat een enorme troost. Waar je jezelf urenlang voor je kop kunt slaan omdat je een in jouw ogen gigantische blunder hebt gemaakt, helpt het als je je voorstelt hoe een ander die blunder ook maakt. En in het geval van Gretchen en Jamie (ik heb het gevoel dat ik ze al jaren ken, na het luisteren van al die podcasts, al komt hij nooit direct aan het woord), kan ik me dat zeker voorstellen. Want niet alleen Gretchen is zeer succesvol, Jamie is dat ook – hij doet iets met aandelen wat ik niet begrijp, maar waar hij nogal rijk van geworden is. Als hij zegt 'Dat hebben we allemaal weleens gedaan', weet Gretchen waar het vandaan komt. Dat zelfs succesvolle zakenmensen fouten maken. Ach ja, natuurlijk is dat zo. Zelfs de allersuccesvolste zakenmensen. Je hoeft de krant maar open te slaan en je ziet er al voorbeelden van.

En dat is best prettig, als je op een suffe middag op de 'reply all'-knop hebt gedrukt en per ongeluk een vuige roddel die je met collega a wilde doornemen, nu ook hebt gedeeld met collega's b, c en die heel vervelende d (over wie de roddel ging). Dat hebben we allemaal weleens gedaan. En we hebben het overleefd.

Bestudeer je gezicht en koop dan pas kleding

Waar ik van smul, zijn tijdschriftreportages waarin een vrouw haar klerenkast opent en je daarin, in al hun glorie, haar tweehonderd stilettohakken kunt bekijken, haar eenmaal-gedragen-maar-nooit-spijt-van-gehad Gaultier-vrouwentuxedo en haar grootste miskoop: een okergele mohairen Walter Van Beirendonck-coltrui van zevenhonderd euro. Meestal heeft zo iemand ook een fragiel, vintage zijden onderjurkje dat heel mooi in zijn eentje aan de knop van haar kastdeur hangt te bungelen.

Wat ik heb geleerd van het intens bestuderen van dit soort kledingkastproducties: je moet je kleren aan houten haakjes hangen, dat oogt lekkerder dan plastic knaapjes. Je moet nooit een okergele coltrui kopen. En: je moet kleding kopen die bij je hoofd past.

Dat laatste was een belangrijk inzicht dat ik pas als einddertiger opdeed. Het kwam door een vrouw in zo'n kledingkastreportage, die van zichzelf zei dat ze een 'tuttig gezicht' had. Ze legde uit dat haar kleding altijd iets stoers moest hebben, anders zag zij eruit 'als een stewardess'.

Ik bekeek haar foto en moest vaststellen dat ze gelijk had. Ze had een symmetrisch gezicht, steil blond haar en trekken die best mooi waren, maar ook best gewoon. Als je daar een mantelpak en degelijke hakken bij dacht, stond er inderdaad iemand van wie je verwachtte dat ze je elk moment een zakje gezouten amandelen zou aanbieden. Het was dus zaak dat er op al haar kledingstukken wat glitters of studs zaten.

Geïnteresseerd bekeek ik mijn eigen gezicht in de spiegel. Was het tuttig? Modern? *Heroin chic*? Of, zoals Tyra Banks dat altijd zei in *America's Next Top Model*, *fierce*?

Dat was het allemaal niet. Ik keek naar mijn lichte huid, mijn blauwe ogen, die altijd een beetje melancholisch staan, mijn keurig krullende haar, mijn adellijke neus (ik noem hem liever adellijk dan groot), en toen wist ik het: mijn hoofd was klassiek.

Dit verklaarde veel. Waarom alles in de categorie 'stoer' mij nooit staat bijvoorbeeld. In een cargobroek zie ik eruit als iemands oude moeder die met de jeugd probeert mee te doen. Met gympen die ook maar een zweem van coolheid hebben, lijk ik op een misplaatste skater. En met een pet op – en ik weet het, er zijn maar heel weinig vrouwen die daarmee weg kunnen komen – lijk ik op een oude Amerikaanse hippie die in Californië op een ranch woont waar ze de hele dag aan de zon wordt blootgesteld.

Ook alternatieve invloeden – de korte pony bijvoorbeeld of heftige sieraden, dingen met gaten of legerkistjes – verdraagt mijn klassieke hoofd niet. Jammer dat ik dat nu pas wist, want een paar jaar geleden liet ik mijn haar nog in zo'n ultrakorte pony knippen. Door een coole kapster met duizend piercings. Iemand die mij ervoor had moeten waarschuwen dat ik een klassiek hoofd heb.

Voordat ik wist dat ik het klassieke type was, ging ik wel vaker de mist in. Zo kocht ik ooit in Thailand voor mezelf maar liefst vier T-shirts met opdruk van Meneertjes en Mevrouwtjes. Je weet wel: Little Miss Giggles, dat werk. De T-shirts waren leuk. En als ik een springerig, blond, atletisch surfmeisje was geweest, had het ook prima gekund. Maar ik ben nu eenmaal meer Melkmeisje dan surfmeisje. En zeventiende-eeuwse melkmeisjes dragen geen Miss Giggles-shirts.

Ik had het kunnen weten, dat een brokaten boezeroen en een wit kanten kapje meer bij mij zouden passen. Ooit deed ik mee aan een wat bizarre fotoreportage in *Avantgarde*, waarbij ik en een aantal andere vrouwen poseerden als bestaande vrouwenportretten uit het Frans Hals Museum. Ik werd aangekleed en gestyled als een nobele vrouw, met ingevlochten haar, een fluwelen pandjesjas en zo'n grote witte kraag om mijn nek. Toen het blad in de winkel lag en ik de foto zag, moest ik heel hard lachen. Ik leek namelijk wel een beetje op een Laaf. Maar ik moest toegeven: dat hoofd van mij paste wonderwel bij die kraag en die fluwelen pandjesjas.

Als ik voortaan kleren ging kopen, moest ik denken: zou Madame Bovary of iemand op een Vermeer-schilderij dit dragen? Of, als ik mijn referentiekader iets moderner wilde houden: zou Máxima of Maggie Gyllenhaal dit aantrekken? Als dat zo was, was het goed. Maar als het antwoord luidde: 'Nee, het is eerder iets voor Rihanna/Gordon', dan moest ik het kledingstuk laten liggen.

Dus wat doe je als je een grote, belangrijke ontdekking over jezelf gedaan hebt? Je gaat naar de Zara en trakteert jezelf op een paar nieuwe kleren. Een klassieke trenchcoat. Een zwart jurkje.

Rekken vol rode broeken, leren rokken en korte jasjes van goudlamé liet ik links liggen, want die waren veel te modern voor mijn eindelijk ontdekte uiterlijk. Dat scheelde weer veel paskamersessies, miskopen en stijlzorgen. En stijlzorgen, die kan een klassiek hoofd absoluut niet verdragen.

Hardlopen voor de geest

Een van de meest inspirerende sportboeken die ik ooit heb gelezen, is *Running Like a Girl* van de Britse journaliste Alexandra Heminsley. (Ook een van de enige sportboeken, eerlijk gezegd.)

Alles, álles aan Heminsley, of Hemmo, zoals haar hardloopnaam luidt, en ja, hardloopnamen bestaan, is geruststellend. Ze is niet tanig. Ze is niet streng. Tot haar dertigste deed ze niets aan sport. Bij alle marathons waar ze aan meedeed, wilde ze halverwege, of eerder, opgeven. Ze maakt enorme afgangen tijdens het rennen – de ergste was dat ze een kind ging high-fiven tijdens de Londense marathon en toen plat op haar bek ging. Ja, dat is mijn soort superheld.

Maar je kunt iemand natuurlijk niet alleen maar bewonderen omdat ze net als jijzelf tijdenlang niks aan sport heeft gedaan en de neiging heeft om onderuit te gaan op straat (zelf struikelde ik dit voorjaar tijdens het hardlopen omdat ik een buurvrouw wilde begroeten. Zij zag me niet en ik heb nog steeds een litteken op mijn lip). Je moet iemand ook bewonderen om de dingen die ze wél kan.

Gelukkig kan Hemmo, die ik inmiddels beschouw als mijn nieuwe imaginaire beste hardloopvriendin, heel veel. Vijf marathons lopen in zes jaar bijvoorbeeld. Zichzelf door hagelbuien en blessures slepen. Heel veel geld ophalen voor goede doelen. Een vriendin die nog onsportiever is dan zijzelf door de Londense marathon heen coachen.

En ze kan het hardlopen zo aantrekkelijk maken. *Fitspo* heet dat in het Engels: inspiratie over fitheid. En de fitspo in dit boek is het belangrijkste voor mij, want ik ben ook een late hardloopster met ambities; dit jaar wil ik vijftien kilometer achter elkaar kunnen rennen. Of misschien, maar nu wordt het echt mal, een halve marathon. (Dit neem ik meteen weer terug, trouwens.)

Een van de mooie inzichten die Hemmo over hardlopen heeft, behalve dat het helpt om je voeten met vaseline in te smeren en dat vlechtjes de handigste hardloophaardracht zijn, is dat het je ook op alle andere gebieden van je leven een almachtig gevoel verschaft.

Want kijk: je dacht dat je nog geen kilometer kon rennen. Na een week of tien trainen blijk je het vijf kilometer achter elkaar vol te houden.

Dat kun je uitbreiden naar de rest van je leven. Hemmo schrijft: 'Ik gebruikte het hardlopen om mijn geest helder en scherp te maken, om mezelf te herinneren aan wat ik allemaal kon en om verder te komen in alle andere facetten van mijn leven. Ik voelde me alsof ik niet te stoppen was.'

Schakelen we terug naar mijzelf: ik herken dit. Onlangs rende ik mijn eerste 7,5 kilometerwedstrijd (ik weet het, een zeer triest aantal, en dan vooral die halve kilometer achter de komma), en de middag erna, sterker nog, de dágen erna, voelde ik me volstrekt onverslaanbaar. Vier buren uit mijn straat hadden zwaar van mij gewonnen, en ik zag zelfs een paar kinderen meerennen die ver voor mij finishten, maar ik had die race wel uitgerend, het was mijn langste afstand ooit, én ik was niet als laatste geëindigd.

Net als Hemmo had ik het gevoel dat ik niet te stoppen

was. Die week maakte ik een toneelstuk af, ging ik naar drie films, kocht ik een nieuwe garderobe en haalde ik nog een heleboel deadlines. En rende ik nog een keer zes kilometer, in Rotterdam, een voor mij nieuwe renstad. Omdat het kon.

Hardlopen is niets meer dan je ene been voor je andere zetten, schrijft Hemmo. En dat is ook zo. Maar als dat je eenmaal lukt, een tijdje, steeds langduriger en sneller, zonder dat je ooit had gedacht dat je dat kon, durf je die gedachte uit te breiden. Misschien kan ik ook wel die rok naaien waar mijn dochter zo om zeurt. Of een kleine tuin onderhouden. Of, huiselijker en eenvoudiger, me niet zo laten overweldigen door de hoeveelheid was in de wasmand. Want ik kan toch ook rennen? Gewoon doen. Been voor been, stap voor stap.

Bij het idee in de auto stappen

Ik kijk graag naar *Comedians in Cars Getting Coffee*, het kletsprogramma van Jerry Seinfeld op Netflix waarin hij met verschillende grappige mensen in verschillende bijzondere auto's een middag gaat rondrijden en koffiedrinken. De afleveringen zijn niet allemaal even sterk, maar er zitten vaak heel grappige momenten in – dat moet ook wel, gezien de gasten.

En je leert er en passant ook heel wat over het Creatieve Proces, want comedians zijn bij uitstek mensen die op een creatieve manier van alles op een geheel nieuwe manier moeten beschouwen, daarbij ook nog een groot publiek moeten *pleasen* en het risico lopen om keihard afgerekend te worden op wat ze maken.

De Amerikaanse komiek Dave Chappelle ging in zijn aflevering met Seinfeld in een Frans-achtig café zitten – ik denk vanwege zijn achternaam. Ze dronken koffie, en toen zei Chappelle ineens: 'Het idee zit in de auto en het toetert.' Zo, die zin kwam binnen bij mij. Je moet de context uiteraard wel even weten. Chappelle probeerde uit te leggen hoe het werkt als hij iets gaat bedenken. Soms heb je je voorgenomen om iets te bedenken. Dus ga je in de spreekwoordelijke auto zitten om op je einddoel af te rijden: in Chappelles geval is dat een voorstelling. Maar dat werkt niet, betoogt hij.

In het ideale geval is het andersom: dan zit er een idee in de auto. En dat idee is soms zelfs zo goed dat het al naar je toetert, zegt Chappelle. Dan moet je er gauw bij springen en meerijden. Deze is belangrijk voor mensen die voor hun werk, hobby of wat voor bezigheid dan ook moeten uitgaan van ideeën. Vaak heb je eerst een plan, maar niet per se een idee: ik ga een boek schrijven. Of ik ga een tekening maken. Of vandaag ga ik mijn huis eens even heel anders inrichten. Of ik ga de hele personeelsafdeling eens even omgooien. Dat kan, en dat kán ook prima werken.

Maar het is beter om het andersom te doen. Eerst het idee, dan het plan. Ineens word je bijvoorbeeld wakker met een spannende eerste zin voor een verhaal. Of je ziet op vakantie een prachtig pleintje dat erom vraagt om getekend te worden. Of de ideale plek voor de bank doemt op als je hem een keer hebt verschoven om eronder te stofzuigen. Dan is het idee er vóór het plan, en dan is het tijd om bij het idee, zoals Chappelle dat noemt, in de auto te springen. Vooral als het idee toetert. Want sommige mensen (en ik reken mezelf tot die sommige mensen) letten helemaal niet goed genoeg op als er goeie ideeën lopen te toeteren.

Dat je ze niet hoort, komt doordat je te veel bezig bent met je dagelijkse dingen bijvoorbeeld. Of doordat je je werk altijd al op dezelfde manier doet. Er is misschien een veel betere vorm of misschien moet zelfs de inhoud anders, maar je hoort het idee niet toeteren vanuit de auto. Je gaat zelf in een andere auto zitten en rijdt zoals je altijd al reed.

Dave Chappelle vertelde ooit in een ander interview dat een van zijn grootste inspiratiebronnen op comedygebied Bugs Bunny was geweest. Dat is vreemd, want dat is een konijn en het is getekend. Maar Chappelle had veel aan de, volgens hem, geniale stem van Bugs Bunny. En als de stem van een konijn in een cartoon je op het juiste creatieve pad brengt, ook prima. Hij moet alleen even naar je toeteren. En jij moet het horen.

Zie je uitstelgedrag als een teken

Een van de grappigste mensen over wie ik in tijden een stuk heb gelezen, is de New Yorkse excentriekeling – ik weet even niet hoe ik hem anders kort moet samenvatten – James Altucher. Ooit was hij miljonair in de internetbusiness, hij raakte zijn geld kwijt, ging scheiden, schreef allerlei zelfhulpboeken, heeft een podcast, heeft geen huis, houdt er interessante ideeën op na (zoals: ga niet naar de universiteit, maar leer voor veel minder geld en in veel minder tijd computercode schrijven), en hij bezit maar vijftien voorwerpen, die hij met zich meesleept in een tas. Lekker handig.

Hij is ook goed in pakkende hoofdstuktitels verzinnen; zo heeft zijn boek *Choose Yourself* (dat als hoofdgedachte heeft dat je maar beter zelf het leven kunt kiezen dat je wilt, anders doen anderen dat voor je) een hoofdstuk met de titel 'The Seven Habits of Highly Effective Mediocre People': de zeven gewoontes van zeer effectieve middelmatige mensen.

Die titel is natuurlijk een knipoog naar het bekende zelfhulpboek *The Seven Habits of Highly Effective People* – maar dan met 'middelmatig' eraan toegevoegd. En laten we wel wezen: de meesten van ons zijn dat wel. Een tikje middelmatig. Maar daarmee kun je toch nog effectief zijn, zegt Altucher.

Wat heeft dit mogelijke zelfhulpgenie voor tips in huis voor ons? Het zijn er veel, en sommige zijn volgens mij onzinnig – zoals dat je na vijf uur 's middags niets meer moet eten en dat je daar enorm van afvalt. Het zal wel, maar ik vind het ongezellig en lichtelijk onhaalbaar.

Maar deze wijsheid van Altucher vond ik erg goed: 'Als je een uitsteller bent, probeert je lichaam je te vertellen dat je een stapje terug moet doen en beter moet nadenken over wat je aan het doen bent.' Hé. Dat is een kolfje naar deze uitsteller haar hand.

Het is waar namelijk. In tijden dat ik veel dingen uitstel, heb ik het meestal ook te druk. Anders hoefde ik niet zo veel uit te stellen. En: ik heb het te druk met stomme dingen, want leuke dingen stel ik niet zo graag uit. Probleem: ik heb het dus te druk en ik stel constant dingen uit, wat de druk alleen maar opvoert.

In plaats van mezelf op mijn kop te geven omdat ik constant werkjes zit uit te stellen, zou ik beter kunnen denken: waarom ligt er zo veel op mijn spreekwoordelijke bordje dat ik steeds dingen moet of wil uitstellen? Waarom onderneem ik niet louter dingen die ik zo leuk vind dat ik ze niet uitstel? Of waarom stop ik niet met een paar stomme maar tijdrovende activiteiten zodat ik niet constant dingetjes op de lange baan moet schuiven?

Deze uitspraak van James Altucher is ook prettig omdat dat hele uitstellen vaak, of eigenlijk altijd, een zeer negatieve connotatie heeft. Meestal constateer je dat je een uitsteller bent, en dat vind je dan ontzettend stom en slecht van jezelf. Verder wijd je er geen gedachten aan. Maar nu kun je het uitstellen zien als een Nuttig en Belangrijk Teken: let op, je bent aan het uitstellen! Wellicht is het weer eens tijd om 1. een stapje terug te zetten en 2. beter na te denken over wat je aan het doen bent.

En ja, dat kost ook tijd. Maar wie weet ben je er binnen vijf minuten klaar mee. En het levert je vele uren op. En een stuk minder frustratie.

Toch wel relatiemateriaal

Relatiemateriaal. Bestaat dat woord eigenlijk of heb ik het zelf bedacht? Het was in ieder geval een handige manier om te beschrijven wat ik níét was: relatiemateriaal. Vond ik zelf dan. Ik deed er dertig jaar over om te ontdekken dat ik het wel was. Spoiler! Het kwam goed. Maar die dertig jaar, dat was best lang. En vervelend.

Ik vermoed inmiddels dat iedereen het weleens heeft gedacht: dat-ie geen relatiemateriaal is. Of bijna iedereen. Er zijn ongetwijfeld mensen die zo zelfverzekerd geboren zijn dat ze denken dat er altijd wel ergens een prins of prinses op het witte paard op ze staat te wachten, en dat zij ook een prins of prinses zijn. Maar ik dacht dat niet. Bepaald niet. Misschien zat het simpelweg in mijn karakter, ben ik neurotisch en onzeker geboren, en angstig ook. Angstig dat er nooit iemand op mijn pad zou komen. Of misschien ligt het aan mijn jeugd – dat weet je nooit.

Ik had geen standaardjeugd: mijn moeder overleed toen ik zes was, ik had een lichtelijk bizarre vader die het ook niet wist allemaal, en me bovendien een wonderlijk voorbeeld gaf als het om de wereld van de mannen ging. Hij verslond vele vrouwen, had vaak tegelijkertijd relaties met meerdere types, vertelde me lacherig ongeveer alles over zijn liefdesleven en nam zijn relaties duidelijk niet al te serieus. Mijn beeld van de man in de liefde is daar wellicht wat door beïnvloed. Al moet ik zeggen dat mijn vader op mijn twaalfde, toen hij eenmaal zijn tweede grote liefde vond, mijn stiefmoeder Ina, wel volledig voor haar ging. Dus ik heb gezien hoe een man ook volledig voor één iemand kan gaan.

Ik wilde dat, volledig voor iemand gaan, en ging dat ook. Het kwam echter altijd alleen van één kant: de mijne. Ik herinner me mijn puberteit als een aaneenschakeling van hopeloze verliefdheden, vaak natuurlijk (denk ik nu) op de botte, onbereikbare figuren uit mijn klas. Te knap, te populair, te onaardig. Soms viel ik trouwens ook op een onpopulair, onooglijk type, want ik viel werkelijk op iedereen. Maar onpopulair en onooglijk betekent nog niet per se haalbaar. En ook deze personen waren niet aardig, want de aardige jongens zag ik niet staan. Zij mij trouwens ook niet.

Terwijl de meiden van mijn klas 's avonds laat op de slaapzaal op schoolkamp bespraken wat de raarste plek was waar ze het ooit hadden gedaan, dook ik steeds verder mijn slaapzak in en deed alsof ik heel diep sliep. Ik had het nog nooit gedaan! En al helemaal niet op een rare plek! Wat waren dit voor ervaren, zelfverzekerde wezens? Waar toverden ze al die jongens vandaan? Hoe verleidden ze die jongens, in de richting van een heel rare plek, om het vervolgens te gaan dóén? Ik had nog niet eens gezoend en vond het al jaloersmakend hoe sommige meisjes van mijn klas casual hun armen om een jongen heen konden slaan in de pauze, of een vriend even van achteren een knuffel gaven als ze de klas in kwamen. Hoe. Deden. Ze. Dat. In. Godsnaam. Ik had geen idee.

Het werd allemaal iets beter, in theorie dan, toen ik volwassen werd. Op mijn achttiende verhuisde ik voor een jaar naar Amerika om te studeren, alleen, en dat bleek een kans. Een kans om eens iemand anders te zijn dan degene die ik thuis al achttien jaar was. Iedereen op school kende mij als Aaf-zonder-verkering, als Aaf met wie je wel kon lachen, die best bijdehand was, maar die totaal niets met jongens te maken had. Op liefdesgebied dan. Het was op mijn middelbare school vreemd geweest als ik ineens een flirterige blik had geworpen of met iemand was gaan schuifelen op een feest. Ik was, zoals tieners van nu dat noemen, door de jongens van mijn school collectief 'gefriendzoned': hooguit leuk voor een vriendschap of lachen in de pauze, maar niet voor verkering. Geen relatiemateriaal.

Maar in Amerika kon ik mezelf opnieuw uitvinden en dat deed ik dan ook. Ik droeg mezelf streng op om nooit verlegen te zijn. Niet de kat uit de boom te kijken. Naar feestjes te gaan. Te drinken dat het een lieve lust was. Niet dat dat laatste mijn tip aan relatiezoekers van nu zou zijn, maar het hielp me wel iets, in de wereld van de liefde. Of in ieder geval in de wereld van het zoenen en de seks. Op die wilde feestjes durfde ik ineens, en zo kreeg ik in ieder geval wat ervaring. Geen verkering. Wel ervaring.

Terug in Nederland ging ik door met uitgaan: mijn ingang tot de wereld van de jongens en de mannen. En ik kreeg via de disco mijn eerste relatie. Totaal prut: hij was een lul, ik was te gedwee, maar het was tenminste een relatie. Vond ik. De tweede relatie liet jaren op zich wachten, maar dat was een leuke. Een lieve jongen, die bovendien eerst tijdenlang mijn beste vriend was geweest. Ik vond hem tijdens mijn studie in New York. Nee, hij was geen lul. Alhoewel, hij maakte het uit toen we allebei terug moesten naar ons eigen land – hij naar Mexico, ik naar Nederland. En dat terwijl ik groots had aangeboden om voor hem te emigreren naar Mexico City. Zie je wel, dacht ik. Ik ben hier gewoon niet voor gemaakt. Had ik eindelijk een goeie gevonden, wilde hij niet dat ik voor hem zou emigreren!

Maar het werd nog erger. Rond mijn zesentwintigste werd ik verliefd op iemand met wie ik het tja, nogal moeilijk had. Lang verhaal beetje kort: hij liet me mijn werk, familie en vrienden achterlaten om voor hem naar Amerika te verhuizen (op de een of andere manier moesten mijn geliefden altijd aan de andere kant van de wereld wonen) en liet me, toen ik eenmaal geëmigreerd was, in de steek.

Ik ging terug naar Nederland. Wonden likken. Concluderen dat ik absoluut geen relatiemateriaal was. Of misschien wel, maar alleen voor gestoorde, disfunctionele relaties, en die wilde ik nooit meer. Toen deed ik iets wat misschien slim was. Ik begon een relatie met iemand die ik via via kende. Ik vond hem niet echt leuk, hij mij ook niet geloof ik, maar we waren allebei vrijgezel, en ach, prima, dan hadden we wat te doen.

We hadden een paar maanden iets met elkaar, maanden waarvan ik me amper wat herinner, maar die me wel losweekten van die gek aan wie ik me de vier jaar daarvoor had overgeleverd. Ik zag dat bindingsangstige type niet meer. Nooit meer. Nooit meer mee gebeld, gemaild, ge-sms't. Dat bleek het beste. Helemaal stoppen. Soms moet je een relatie behandelen alsof het een harddrug is. (Ook een les, trouwens.) Nadat ik het ook uitgemaakt had met de Tussenman, zoals ik hem maar even zal noemen, en volledig losgekomen was van de Slechterik, hoefde ik niet meer. Ik wilde gewoon even geen relatie.

Ja, ik was aangekomen op dat punt waar mensen mij al jaren over vertelden en waarover inmiddels vele Instagramquotes bestaan: het moment dat je het wel prima vindt met jezelf. Dat je jezélf leuk vindt. Dat je tevreden bent met je eigen gezelschap. *Because the greatest love of all is happening to me, I've found the greatest love of all inside of me*, zong Whitney

Houston al toen ik tien was en er dramatisch op danste, maar dat moest nog even indalen.

Ik was los van de mannen, had ineens een geweldige baan gekregen – dagelijkse columnist van de toen net opgerichte krant *nrc.next* – die mij op allerlei leuke paden bracht: optredens, lezingen, interviews. Ik genoot ervan. En liet me interviewen in een kleine talkshow in een Amsterdams theatertje, met zo'n dertig man publiek. Ik had mijn column net een paar maanden, was uitgenodigd om erover te komen vertellen en dacht: o ja, die interviews doet die Gijs Groenteman. Dat lijkt me wel een leuk iemand.

Harde *schnitt*, zoals ze dat in de filmwereld zeggen: Gijs Groenteman en ik zijn inmiddels zeventien jaar bij elkaar. Samen twee kinderen, een huis, een hond. Ik ben de stiefmoeder van zijn twee kinderen, die inmiddels allebei tweeëntwintig zijn. Want ik bleek wél relatiemateriaal. Het geheim was: die eerdere mannen, die waren dat meestal niet. Helemaal geen relatiemateriaal zelfs. 'Jij bent juist het beste relatiemateriaal dat er is,' heeft Gijs vaak tegen mij gezegd. (Ja, hij is echt heel lief.)

Maar het geheim zat hem erin dat ik iemand had gevonden die dat zelf juist was. Hij bleek het perfecte relatiemateriaal voor mij. En ik voor hem. Natuurlijk maken we weleens ruzie. Zwijgen we soms een ochtend bokkig tegen elkaar. En gaan we, heel soms, boos slapen. Dat kan als je goed relatiemateriaal in handen hebt. Ik weet nu dat ik dat heb. En dat ik dat ben. En dat sommige mensen het niet zijn. Had ik het maar wat eerder ontdekt. Al was ik dan misschien nooit, via via en onhandig struikelend over de verkeerde mannen, in dat theatertje in Amsterdam terechtgekomen.

Neem op reis vier paar schoenen mee

Wie is er beter in reizen? De reiziger met een lange trein van chique, kalfslederen, gemonogrammeerde koffers achter zich aan of de reiziger met één klein Tumi-koffertje waarin alle bloesjes en broeken keurig opgerold zitten?

Uiteraard de laatste. Helaas zijn de meeste mensen geen van beide types. Ze nemen te veel mee en dan ook nog het verkeerde. Reizen in stijl is voor weinigen weggelegd.

Omdat ik in mijn leven veel gereisd heb, naar oorden ver en dichtbij, bestudeerde ik lange tijd de wijze woorden van reisdeskundigen, die helaas vaak bleven hangen bij het aloude adagium 'rol je kleren op'. Wat ik nooit doe.

Slechts een paar van die reisstijladviezen zijn mij bijgebleven. Er zijn trouwens überhaupt maar weinig reisgoeroes die op het aspect stijl ingaan. Ze hebben het altijd over onstijlvolle zaken, zoals het beste Tefalpannetje voor op de camping, en nooit over de allerlichtste zijden zomerjurk.

Daisann McLane geeft wél stijlreisadvies. Zij had tijdenlang een fantastische rubriek over budgetreizen in *The New York Times* en belandde daarbij op plekken zoals het 'Lijiang Microwave Hotel'. Wat een baan! Ik las haar graag en volgde haar na.

Zo heeft McLane onontbeerlijk schoenenadvies voor mensen die licht moeten reizen, zoals backpackers. Neem naar warme landen vier paar schoenen (ja, toch wel) mee: lekker zittende sandalen, iets chiquere sandaaltjes, een paar slippers en lichte jogginggympen. Wat heerlijk! De oerlelijke en superzware wandelschoen hoeft niet mee!

Ook adviseert McLane om niet veel handbagage mee te nemen, want dan kom je in zo'n (niet stijlvol) gevecht met andere reizigers om de ruimte in de piepkleine *overhead bins* terecht. Een boek, een moisturizer en een slaappil is alles wat je nodig hebt tijdens je vlucht. McLane raadt trouwens ook aan om yogaoefeningen te doen in het gangpad, maar dat gaat mij iets te ver.

Ook voor de plek van aankomst heeft mijn geestelijk reisleidster stijlraad: doe altijd de vitrage van je hotelkamer open – die is namelijk opvallend vaak dicht – en ruk onmiddellijk de sprei van je hotelbed, want die spreien worden maar héél zelden gewassen, is uit onderzoek gebleken. (Ze wassen ze in veel gevallen pas als er een zichtbare vlek op zit. Gatverdamme!) Bovendien zijn de spreien vaak van plastic, want ze moeten vuurbestendig zijn. Je zweet je er dood onder.

Mijn stiefmoeder is mijn andere reisstijlraadgeefster, want zij reisde vroeger menig Afrikaans en Zuid-Amerikaans land af met haar zoontje onder de arm, en wist toch nog sjans te hebben met de locals. Zij leerde mij dat je nooit te veel sieraden mee moet nemen (je leeft dan toch maar steeds in angst dat ze gejat worden) en altijd een dunne wollen sjaal (lekker warm, en speelt een dubbelrol als deken in het vliegtuig). Ook moet ik van haar altijd een wit Indiaas lichtkatoenen nachthemdje inpakken (te krijgen bij, bijvoorbeeld, de winkel Capsicum in Amsterdam). Dat is een soort verlengd overhemd met mooie stiksels erop, en zeer geschikt als strandjurk. Hij droogt binnen vijf seconden na een tussentijds handwasje. Ik heb zo'n ding op al mijn reizen mee en draag het dan elke dag van mijn vakantie.

Laatste, universele, stijltip voor vrouwen die alleen reizen: een trouwring. Ook als je niet getrouwd bent. Die houdt opdringerige mannen op afstand en het staat nog geinig ook.

Voelt deze beslissing verbredend of beperkend?

Bij het nemen van grote beslissingen in het leven is het normaal dat je een beetje bang bent. Het waaaah-gevoel, het ik-spring-van-een-klif-afgevoel, of in ieder geval iets met een hoge duikplank en de bibbers hebben. Een verandering kan eng zijn en een tikkeltje bedreigend. Maar soms is er angst omdat die beslissing ook echt niet goed voor je is. Hoe voel je het verschil tussen een beetje bang zijn voor verandering, dus de gebruikelijke angst voor nieuwe, spannende dingen waar je je dapper overheen moet zetten, en terechte angst die je vertelt dat je iets niet moet doen?

Marie Forleo, een Amerikaanse zelfhulpboekenschrijfster die door Oprah Winfrey 'een denkend leider voor de volgende generatie' genoemd wordt – het zal je maar gezegd worden! –, heeft daar een zinnetje voor verzonnen. Van Marie Forleo moet je, voordat je dat zinnetje tegen jezelf uitspreekt, even rustig gaan staan of zitten, je ademhaling tot een prettig ritme terugbrengen, je lichaam even goed voelen en dán aan jezelf vragen: 'Voelt deze beslissing verbredend of beperkend?'

Gek genoeg voel je (ik heb het geprobeerd!) dan vanzelf of de angst die je voelt, de angst voor het grote maar wellicht leuke onbekende is of een terechte angst: angst om door je beslissing beperkt, ingedamd of zelfs een beetje gewurgd te worden.

Een praktisch voorbeeld. Je krijgt een nieuwe baan aangeboden en daarbij hoort die iedereen welbekende nieuwebaanangst. Maar als je even rustig stil gaat staan en probeert aan te voelen waarom je die angst hebt, kan het twee kanten op gaan. Misschien moet je voor die nieuwe baan ook hele nieuwe dingen gaan doen of nieuwe dingen leren en vind je dat vooruitzicht een beetje eng. Maar nieuwe dingen doen en leren is op zich verbredend: je gaat jezelf weer eens wat verder uitrekken en daar is niets mis mee.

Maar wellicht komt je angst wel uit iets anders voort. Je moet in die nieuwe baan bijvoorbeeld gaan werken met een groep mensen die je niet aanstaat of er wacht je elke dag een flinke reistijd, waardoor twee uur van je dag ineens opgeslokt wordt door autorijden en files. En dat is niet verbredend, dat is beperkend. En dan is de beklemming die je voelde gegrond: het is niet de angst voor het nieuwe (dat leuk kan zijn), maar terechte angst voor iets wat echt niet prettig is. En dan zou je kunnen overwegen niet op het aanbod voor die nieuwe baan in te gaan.

Marie Forleo noemt nog wat specifiekere subvragen die je jezelf kunt stellen na de vraag of de beslissing verbredend of beperkend is. Zoals: 'Wil ik dit écht?' 'Zou ik dit ook doen als ik twintig miljoen op de bank had staan?' 'Voelt dit plezierig?' 'Voel ik me hier veilig bij?' 'Brengt deze beslissing me in contact met mensen bij wie ik me goed voel?'

Maar al zijn die subvragen ook reuzehandig, volgens Forleo weet je het meestal wel als je je ogen sluit, even rustig ademhaalt en jezelf die ene grote vraag stelt. Naar je intuïtie luisteren, noemen ze dat ook wel, maar het is soms wel praktisch, en minder wazig, om die ene duidelijke vraag te stellen: is het verbredend of beperkend?

Wortels en vleugels

Moet ik me nu echt laten beïnvloeden door een influencer, dacht ik gegeneerd toen ik een quote opschreef in de notities die ik speciaal voor deze stukken bijhou. Nou ja, waarom ook niet? Influencers beïnvloeden nou eenmaal. Dat is hun beroep. Daarom heten ze zo! Ik had ook al menig *midcentury* meubel en bloesje gekocht door pure online beïnvloeding, waarom zou ik dan niet een zinnetje onthouden van een van die types?

De types die ik nu op Instagram in het vizier had, kende ik voorheen nog niet, maar in een woonblad las ik een artikel over hen. Het waren de Goodwins, een gezin dat op Instagram deelde hoe ze op Hawaï het ultiem fotografeerbare leven leefden: de hele dag surfen, honderd kinderen met blonde haren, iedereen bruin en gespierd, wonen in een boomhut (daar ging die reportage in het blad over). Tot mijn (bijna-)opluchting stond er wel in het interview dat surfvader en surfmoeder dit jaar een fikse huwelijkscrisis hadden beleefd, waar ze doorheen waren gekomen, maar toch. Niet álles was pais, vree en gefilterd.

Ik ging na het lezen van die woonreportage eens lekker door @thegoodwinway scrollen, een profiel dat uiteraard helemaal volgepleisterd was met zachte witte honden, kinderen die in tiedyeshirts paardreden op het strand en uitzinnige surfacties op rollende golven.

Toen ik eenmaal, beschamend, ik weet het, teruggescrold was tot 17 februari 2020, kwam ik terecht bij een foto van een kind in een auto, en daaronder stond: '*There are only two gifts we should give our kids. One is roots and the other is wings.*' En hoewel hij iets van het suikerzoete bijsmaakje had dat nu eenmaal alle Instagramquotes hebben, kwam hij toch wel erg bij me binnen. Want ik kende deze wijsheid nog niet en ik vond haar wel heel waar. Het zinnetje bleek later aan vele andere bronnen toeschrijfbaar te zijn, maar mijn eerste bron was de technicolordreamwereld van de Goodwins.

Nu mijn eigen kinderen groter worden (twaalf en dertien, ruim) en mijn stiefkinderen van tweeëntwintig nota bene al op zichzelf wonen, zie ik steeds meer in dat ze eindeloos koesteren en voeren en appels in vieren delen en vragen of ze een spelletje met je willen doen natuurlijk goed is, maar dat je op een gegeven moment moet overstappen op het wingsgedeelte: ze zelf laten wegvliegen of in ieder geval die vleugels laten trainen. Dat betekent: ze met rust laten. En zelf dingen laten doen. Zelf fietsen, zelf de stad in, zelf kleren uitkiezen, zelf afspraken maken met hun vrienden zonder tussenkomst van ouders met appgroepen.

En urghhhhhh, wat is dat ingewikkeld, zo ingewikkeld dat alleen het woord 'urghhhhhh' op zijn plaats is. Je kinderen gaan zomaar de wijde wereld in: mijn oudste zit nu in de derde van de middelbare school, en die van twaalf vraagt steeds wanneer ze op zijn vroegst op kamers mag (wat ik lichtelijk alarmerend vind, maar opvat als een teken van gezonde en zeer vroege wings).

Ik ben jarenlang bezig geweest met de roots en volgens mij zit het daarmee goed (al gaan we die natuurlijk nog sterker maken met allerlei Pokon en goede aarde), maar nu wordt het ook tijd voor de wings. Ik ga geen tiedyeshirts kopen door de invloed van de Goodwins, maar ik denk dat deze zin nog heel lang in mijn hoofd zal resoneren.

Lezen maakt je jezelf

De laatste paar maanden zit ik in een heerlijke leesgroef; een leesgroef noem ik het als ik eigenlijk altijd een boek *on the go* heb, een boek waar ik echt graag in wil lezen, waarvan ik zorg dat ik het mee heb in de trein of naar een café, en waar ik elke avond voor het slapengaan nog vijf pagina's in lees (of meer, dat ligt aan het al dan niet snel dichtvallen van de ogen).

De truc is om te zorgen voor goeie, fijne boeken of in ieder geval voor boeken die, als ze niet zo heel goed zijn, zo sensationeel zijn dat je ze ook wel even achterover wilt gooien, als een shotje (ik doel hiermee op de best sappige, maar niet altijd even fantastisch geschreven, autobiografie van Matthew Perry die ik onlangs las).

Ik zit in de allerbeste leesgroef als het goed met me gaat en ik relaxed ben. Ik vermoed dat dit voor bijna iedereen geldt, want we lezen haast allemaal het meest in de zomervakantie.

Als ik veel twijfels en stress heb, kan ik de rust niet vinden om me te begraven in een boek, hoe geweldig het ook is. Dus het lezen is een metertje van hoe goed mijn humeur is. Mijn stiefmoeder zei vroeger altijd dat we veel boeken moesten lezen als we niet goed in ons vel zaten, want dan zouden we vanzelf lezen dat er zo veel andere mensen waren met zo veel andere problemen. Op zich een aardig idee, maar het ding is: ik heb in die *mood* de concentratie niet. Sterker nog, ik denk in mindere tijden altijd: wat voor NUT heeft lezen eigenlijk, je helemaal richten op het leven van een vaak niet eens bestaande ander? En dat is niet echt een fantastisch uitgangspunt om weer eens een boek ter hand te nemen.

Maar nu las ik toevallig een citaat van mijn lievelingsschrijfster Curtis Sittenfeld, over het nut van lezen, uit haar boek *American Wife*. 'Een lezer zijn was wat mij het meest mijzelf had gemaakt; het had me de gaven van nieuwsgierigheid en sympathie gegeven.' De hoofdpersoon, maar ik denk dat die spreekt namens Sittenfeld zelf, gaat daarna nog even door over wat het lezen haar had gebracht: 'Een bewustzijn van de wereld als een vreemde en levendige plek vol tegenstellingen, en het had me onbevreesd gemaakt voor die vreemdheid en levendigheid en tegenstellingen.'

Dat komt, opvallend genoeg, heel erg overeen met wat mijn stiefmoeder altijd zei: dat je van lezen onbevreesd wordt, meer leert over de wereld, en daardoor snapt dat er van alles is en kan zijn, en dat niet allemaal vreemd of moeilijk hoeft te vinden – of dat het in ieder geval je eigen *troublures* relativeert.

Ik moest eraan denken toen ik die bio van Matthew Perry las – die me ondanks zijn niet altijd zo flitsende schrijfstijl wel heel veel bijbracht over hoe het is om een verslaafde te zijn. En nu ook weer, nu ik het boek *Veranderen: methode* van de Franse schrijver Édouard Louis lees, kom ik erachter hoe het is om in een arm, ongezellig, achtergesteld, lichtelijk losgezongen gezin op te groeien terwijl je homo bent en ook nog grootse dromen hebt.

Al die levens, want eigenlijk lees je altijd een leven, leren je wat, daar hebben Curtis Sittenfeld en mijn stiefmoeder gelijk in. En het is ook logisch dat je meer interesse voor die levens kunt opbrengen als je vrolijk en ontspannen bent; dan ben je ook meer geneigd om in de tram een praatje aan te knopen of aan de oude mevrouw die voor de supermarkt zit te vragen of het wel goed gaat. Nu toch eens proberen om me lezend in een ander leven te verliezen als ik niet in m'n beste doen ben, want dan werkt het ook nog eens geneeskrachtig.

Schrijfsters verdienen een eigen kast

Als je iemand zou moeten aanwijzen als mogelijke bron van vele wijze zinnetjes, is het wel een boekhandelaar. Boekhandelaars lezen per definitie veel, zijn ongetwijfeld ook geneigd om goede zinnen te highlighten en ze onthouden een hoop, want ze moeten wel aan hun klanten kunnen uitleggen waarom een bepaald boek de moeite waard is.

En ja, in het autobiografische *Boekhandel in de bergen* van Alba Donati, dat ik deze zomer las, zat ook een hoop slims.

Alba Donati is geen vrouw die voorspelbare keuzes maakt. Na een lange carrière in de uitgeverij in de grote stad, Florence, verhuisde ze naar de Toscaanse berg waar ze vandaan kwam en begon daar, in haar geboortedorp Lucignana, een piepklein boekwinkeltje. De ultieme droom natuurlijk voor elke boekenliefhebber, zo'n schattig houten huisje met boeken, koffie en een terrasje, en ook weer niet, want je moet, in een dorp met honderdtachtig inwoners, maar klanten naar je winkel zien te krijgen.

Dat lukte haar. Via Facebook en andere social media zorgde ze ervoor dat mensen uit de hele wereld inmiddels halve pelgrimstochten ondernemen om haar boekwinkeltje, Libreria Sopra La Penna, te bezoeken.

In dat boekwinkeltje houdt Alba Donati er eigen standaarden op na; zo zet ze boeken van mannelijke en vrouwelijke schrijvers in aparte kasten. Dat zou voor iemand als mijzelf handig zijn, want ik lees bijna alleen maar vrouwelijke schrijvers. Dat komt niet zozeer door een soort onaardig seksisme of bevooroordeeldheid, maar ik kom vaak bij vrouwen uit als ik een boek ga kopen. Bijna al mijn lievelingsschrijvers zijn ook vrouwen.

Donati komt in haar boek met een theorie waarom zij zelf naar vrouwelijke schrijvers neigt, en die vond ik de moeite waard om hier te herhalen. 'Als ze nu schrijven, nadat ze eeuwenlang stil zijn geweest, zullen ze beslist heel veel te zeggen hebben en zullen ze dat doen op nieuwe manieren,' schrijft ze. Ze concludeert daar vervolgens uit: 'Dus is het dan niet logisch dat ze een paar planken helemaal voor zichzelf alleen krijgen?'

Zo had ik nog nooit naar mijn liefde voor schrijfsters gekeken. Inderdaad, vrouwen schreven de afgelopen eeuwen natuurlijk niet niéts, maar wel heel weinig in verhouding tot mannen, en áls ze schreven, kregen ze daar ook minder aandacht en erkenning voor.

En het is natuurlijk zo: als je pas na eeuwen een podium krijgt, zul je originelere of in ieder geval heel nieuwe dingen te zeggen hebben! Dat is misschien, dacht ik, onbewust de reden dat ik vaak naar een vrouw grijp als ik haar op de planken van een boekhandel zie staan. Je kunt Donati's theorie ook doortrekken naar andere kunsten en disciplines waarin vrouwen lang niets of weinig hebben kunnen doen; de beeldende kunst bijvoorbeeld of, eh, voetbal! Daar komen ze nu ook eindelijk aan de bak, en zullen ze het vaak net anders doen dan de mannen die hun voorgingen. En dat is juist goed en leuk en fijn.

Het ligt aan de klevende werkvloer

Het is gevaarlijk om uitspraken te doen over het glazen plafond, of over vrouwen en werk, of sowieso over mensen in het algemeen en werk – want voor je het weet, beledig je iemand die fulltime of juist parttime werkt, die thuis is met de kinderen of die helemaal niet werkt, uit principe of tegen haar of zijn zin. Ach, het is altijd moeilijk om uitspraken te doen over de grote levenskeuzes van andere mensen, en het beste advies is dan ook om dat niet te doen, tenzij een ander je er expliciet naar vraagt. Maar je mag wel wijsheden over levenskeuzes citeren. Toch?

Ik las een tijd geleden in een interview met Barbara Baarsma in *Het Parool* – de aanleiding was dat zij, naast haar baan als (van tv bekende) econoom, ook bankier werd – een uitspraak die ik even wil aanhalen. Natuurlijk moest Baarsma in dat interview heel veel praten over vrouwen en werk en fulltime en parttime, en toen deed zij een uitspraak die bij me bleef hangen: 'Er is geen glazen plafond, wel een klevende werkvloer.' En er kwam nog iets achteraan, namelijk 'betegeld met te kleine deeltijdbaantjes'.

Ik zag haar uitspraak in een breder perspectief. Als je het heel concreet bekijkt, ja, dan bedoelt Barbara Baarsma dat vrouwen altijd beweren dat ze niet hogerop komen omdat ze op een zeker moment altijd tegen een glazen plafond aan vliegen, maar zij vindt dat ze eerder zelf blijven plakken aan hun deeltijdbaan op de klevende werkvloer; dat het een keuze is om niet tot grote hoogten te stijgen. Maar je kunt dit alles ook wat breder zien – en daarmee meteen wegblijven van een netelig debat over de waarde van werk en fulltime en parttime.

En dat is: mensen denken vaak dat een kracht van buiten ze tegenhoudt om iets te doen of om verder te kunnen groeien, maar ze vergeten, of zien niet of wíllen niet zien, dat ze zelf ook veel plaksel aan hun voeten hebben. Dat ze niet verder willen of durven gaan dan ze eigenlijk toegeven. Het is natuurlijk ook makkelijker om anderen – een nare baas, een vervelende partner, een glazen plafond, de maatschappij of je geslacht – de schuld te geven van dingen die niet lukken. Vaak ligt de oorzaak van je problemen ook buiten jezelf.

Maar soms niet. Of maar deels. En dan is het goed om te kijken wat je er zelf nog aan kunt doen. Hoeveel lijm heb je aan je voeten zitten en kun je er wellicht ook af vegen, en hoeveel ondoordringbaar glas zit er boven je hoofd? Met andere woorden: op hoeveel dingen kun je zelf invloed uitoefenen en op hoeveel dingen niet?

Altijd een tegenstander

Als iemand zegt dat-ie iets heel belangrijks heeft gehoord wat écht een beetje *life changing* was, spits ik altijd mijn oren. Soms is het iets heel nuttigs, vaak is het ook iets wat ik zelf al eerder als zijige quote heb zien voorbijkomen, of een strofe uit een gedicht waar ik amper wat van snap.

Toen Sanne Wallis de Vries in *Volkskrant Magazine* vertelde over een inzicht van Richard Krajicek, ging ik even goed opletten, en niet voor niets. Ik denk nog steeds vaak aan zijn quote.

Wallis de Vries vertelde dat zij Krajicek ging interviewen voor haar boek over mensen van vijftig, en toen ze haar recorder wilde inpakken (tip voor beginnende journalisten: dat is altijd het moment dat mensen belangrijke dingen gaan zeggen!), vertelde ze hem, om de stilte te doorbreken, wat over haar tennishobby. Haar backhand was haar zwakke punt, vertelde ze, maar dat kwam soms ook door de tegenstander; die gaf de bal dan zo gek terug dat haar backhand helemaal niet uit de verf kwam.

En toen zei Krajicek, die misschien helemaal niet doorhad dat hij iets wereldveranderends zei, maar misschien ook wel, want ik vind het best iets wat je bewust-goeroeachtig zegt: 'Weet je wat het is met tennis? Er is altijd een tegenstander.'

Wallis de Vries vertelde in het interview dat het was 'alsof iemand een gordijn opendeed'. Ze had haar hele leven geleefd zonder het besef dat andere mensen andere dingen kunnen willen, en ook willen winnen. *Mind blown.*

Nu is dat bij mij niet zo, ik denk juist dat ik me uiterst bewust ben van andere mensen en wat ze allemaal willen, maar ik kan wel erg uit het veld geslagen zijn als ze iets anders willen dan ik. En ook dat is niet handig. Elke keer overvalt het me weer wanneer iemand de bal heel raar terugspeelt op mijn backhand. Figuurlijk, dan.

In samenwerkingen bijvoorbeeld kunnen je collega's er heel andere ideeën op na houden, en hoewel ik die ideeën wel hoor, kan ik soms toch helemaal achteroverslaan van verbazing dat ze dat echt willen. Dat kan toch niet? Of neem discussies (in het recente verleden was de coronadiscussie hier een goed voorbeeld van): daarin lijkt vaak niemand zich te realiseren dat andere mensen heel andere dingen kunnen willen dan jij. Sterker nog, dat dat in het leven een vast gegeven is. Ik vind dat nog steeds lastig. Maar nu zeg ik het af en toe tegen mezelf, als ik op de fiets zit bijvoorbeeld. Dan zit ik een beetje te malen of te piekeren over iets wat iemand heeft gezegd, wat totaal niet strookte met hoe ik het vind of wil. En dan zeg ik, letterlijk, tegen mezelf: 'Er is altijd een tegenstander.'

En dat woord 'tegenstander' beschouw ik dan niet als iets met een wedstrijd of oorlog, ik zie het meer als een spel. De een doet die zet, de ander die. De een gaat met zijn pionnen de ene kant op, de ander precies de andere. Dat betekent niet dat je het spel niet meer samen kunt spelen. Net als bij tennis. Het is juist heel leuk om te tennissen tegen mensen die niet altijd de bal recht op je backhand slaan. Sterker nog, dat is de bedoeling.

Je kunt maar beter iets leuks aantrekken

Ik ben een beetje bang voor mensen die in de mode werken als een soort alomtegenwoordig jurylid; van die mensen met rubrieken in bladen en kranten waarin ze anderen de maat nemen, en dan niet letterlijk maar figuurlijk, qua wat ze aanhebben.

Arno Kantelberg is een van die mensen; samen met Jossine Modderman omschreef hij elke week in *Volkskrant Magazine* de stijl van een bekend persoon, met daarbij aanmerkingen als dat iemand zich meer zou moeten kleden als een haan of dat zijn broekspijpen te Volendams waren. Kantelberg is iemand om een beetje voor te huiveren, dus.

Maar toch zei juist deze licht intimiderende figuur laatst iets in een interview waar ik nu aan denk als ik 's ochtends voor mijn klerenkast sta. 'Je moet je toch elke dag aankleden, dan kun je maar beter iets leuks aantrekken.'

Dat was eigenlijk een verademing om te lezen. Het simplificeert de boel enorm. Voor mij dan. Kijk, ik heb de neiging om, net als de meeste mensen, 's ochtends nog wat moe en kreukelig te zijn en daarom voor kleren te kiezen die bij die moe- en kreukeligheid passen. Makkelijke kleren, ruimzittend, niet te ingewikkeld qua knoop- en ritsconstructies. En dat vindt Kantelberg, als ik hem zo lees, ook prima. Maar, zegt hij, trek dan wel je léúkste kleren aan.

En dat is het gekke: in die dagelijkse maalstroom van het aankleden sla ik vaak mijn leukste kleren over. Al zitten die vaak net zo lekker als de gare zwarte spijkerbroek die ik negen van de tien keer pak. Maar ik denk dan dat ze te leuk zijn voor die dag (ik ga thuis zitten werken, wie ziet me nou?), of te ingewikkeld om te wassen, of ze liggen net onderaan een stapeltje, of ik moet heel even nadenken waar het shirt lag dat het best stond onder mijn leukste vest – en dat vind ik dan al drie stappen te veel.

Terwijl ik me een stuk beter voel als ik er een beetje voorkomend uitzie op een dag, zelfs als ik met mezelf aan de keukentafel thuis zit te werken. Gewoon omdat niemand zich heel *fierce* en *on top* voelt als hij in een veredelde pyjama achter een laptop zit.

En als je het zo stelt als Kantelberg, in de zin van 'maak van de nood een deugd, kleren moet je toch wel aan', doe dan je leukste rode trui en je nieuwste broek aan, in plaats van die voor 'iets speciaals' te bewaren. Dan voelt het ook niet als gedoe om je even leuk aan te kleden. Dan is het een trui aan, net als altijd, maar je leukste trui. En je broek aan, net als iedere ochtend, maar je mooiste broek. En je schoenen aan, en dan niet die afgetrapte gympen, maar de glanzende schoenen die je anders voor iets speciaals had bewaard, wat ertoe zou leiden dat je die glanzende schoenen eigenlijk nooit zou dragen. En dat is zonde.

Gewoon in je beste kloffie de hond uitlaten. Dat is voor iedereen leuker. Of eigenlijk vooral voor jezelf, en dat is nogal wat waard.

Het leven leert je hoe je het moet leven

Net als vele anderen zag ik de documentaire *Amy*, over het leven van Amy Winehouse. Je steekt een hoop op van die film, in ieder geval over de dingen die je níét moet doen in het leven. Te veel drinken, te weinig eten, te veel drugs nemen of een vriendje nemen dat je aan de drugs helpt: allemaal geen goed idee. Beroemd worden, daar word je ook al niet gelukkiger van. Muziek maken, daarvan wel. Maar juist dat deed Amy aan het eind van haar leven niet meer; ze weigerde om nog te zingen bij concerten omdat dat haar enige machtsmiddel was, de enige manier om nog aan haar platenlabel en manager duidelijk te maken dat ze er echt geen zin meer in had.

Tony Bennett, de beroemde Amerikaanse jazzzanger die in de film ook een duet met Amy opneemt, snapte dat ze zichzelf en haar loopbaan in rap tempo te gronde richtte. 'Een jazzzangeres wil niet elke avond hetzelfde liedje zingen voor vijftigduizend mensen,' duidde hij Amy's weerzin om steeds weer dezelfde nummers voor de nog altijd gretige fans uit de oude doos te halen.

Maar Tony Bennett zei in de film nog iets anders, wat ik nog diepzinniger en slimmer vond. Hij vond het zo jammer dat Amy niet langer had geleefd, want, zei hij: '*Life teaches you how to live it.*' Het leven leert je hoe het geleefd moet worden.

En als je jezelf kapotmaakt voordat je genoeg geleefd hebt, leer je het niet.

We hebben honderdduizenden zelfhulpboeken tot onze beschikking – waarvan ik er zelf ook de nodige gelezen heb, sterker nog, ik heb er samen met Machteld van Gelder ooit een geschreven, *Handboek voor de moderne vrouw* – en bijna iedereen heeft wel een coach, een therapeut, een handoplegger of een huisarts aan wie hij om hulp en duiding in het leven vraagt. Maar uiteindelijk moet je het leven gewoon leven. De boel doorstaan, kijken hoe het gaat en daar wat van opsteken. Eventueel opnieuw dezelfde fouten maken en daar weer van leren. En het daarna beter doen, of anders.

Als Amy zichzelf had toegestaan om wat langer te leven, dus als ze niet zo veel alcohol gedronken had en zo intens weinig had gegeten, dan was zij bijvoorbeeld vast achter die eerste wijze observatie van Tony Bennett gekomen: dat zij als jazzzangeres niet geschikt was om een over de wereld tourend popicoon te worden. Misschien had ze haar carrière dan wat ingeperkt, had ze haar ambitieuze manager ontslagen en was ze weer liedjes gaan schrijven in het fijne zonnige huis in Miami van Salaam Remi, een producer die haar creativiteit juist aanmoedigde. Dan hadden wij nu nog steeds naar haar liedjes geluisterd.

En het gekke was, Amy Winehouse wist zelf ook best dat ze simpelweg moest blijven oefenen om het leven aan te kunnen. Althans, in een interview zei ze ooit: 'Als je een instrument bespeelt, maakt dat je tot een betere zangeres. Hoe meer je speelt, hoe beter je zingt, hoe meer je zingt, hoe beter je speelt.'

Dat heeft toch een hoop weg van de levenswijsheid van die oude Tony Bennett.

Gewoon weer eens wat nieuws leren

Naast mijn lichte Funda-obsessie heb ik nog een andere digitale verslaving: googelen op 'zijinstromer onderwijs'. Het is net alsof ik die bevestiging af en toe nodig heb: dat er nog steeds ernstige behoefte is aan juffen, dat die weg nog openligt, dat ik een school bij mij in de buurt zou kunnen opbellen en zou kunnen zeggen: 'Hebben jullie nog een juf nodig? Ik wil wel zijinstromen!' En ik ben niet de enige. Een tijdje geleden las ik een interview met presentatrice Sofie van den Enk in de *VARAgids*, die zei: 'Mijn ultieme escapegedachte was altijd: dan word ik juf.'

Dit voorjaar werd die gedachte bij mij ineens nog prangender toen we een mail van school kregen dat ze echt geen vervanger konden vinden voor de zwangere juf van mijn zoon. Kenden wij, ouders, mensen in onze omgeving die het misschien wilden? Ook mensen die er niet per se voor opgeleid waren? Ineens leek het wel een heel realistisch scenario, al moet je natuurlijk nooit voor de klas van je zoon gaan staan.

Er zijn trouwens genoeg mensen die niet alleen een ander beroep ambiëren als escapegedachte, maar het echt doen. Zoals de vriend van een vriendin die nu, als veertiger, na een prima carrière in het boekenvak studeert voor hovenier. Of die ene vriend van vroeger, die rond zijn dertigste alsnog rechten ging studeren en nu advocaat is. De vriendin die haar baan op een hogeschool in de wacht zette en tijdens haar sabbatical een boek schreef. En nu, in haar tweede onbetaalde verlof, alweer haar derde boek. Het journalistenstel dat in Rotterdam een oud havenpand ombouwde tot hotel, waar ik regelmatig logeer (saillant detail: tijdens de renovatie had zij een drieling op komst). En mijn eigen ex-schoonzus, type 'twaalf baantjes, dertien ongelukken', die op een dag ineens inzag dat ze heel erg van cijfertjes hield, zich liet omscholen tot accountant en nu bij een goedlopend techbedrijf in Amerika de hoogste financiële pief is. Met alle overspannen werkweken en zakenreizen (ze houdt niet van vliegen) tot gevolg – maar ze doet wel iets wat ze echt leuk vindt. En wat zeer ver af staat van vakkenvullen en oppassen, werk dat ze daarvoor jarenlang deed. Al die mensen ken ik en ze hebben het gedaan. Dus waarom ik niet?

Ik ben altijd al zo iemand geweest die dacht: dat kan ook nog. Aan mijn grillige studieverloop valt het al af te lezen. Ik studeerde Noors, Engels, Film- en Televisiewetenschap, Vertaalwetenschap, Culturele Bedrijfsvoering met als bijvakken onder andere decorontwerp, Russisch en Italiaans. (Nou ja, in de jaren negentig combineerden wel meer mensen op deze woeste manier allerlei studies. Toen kon dat nog, volledig betaald door de overheid.)

Ik studeerde overigens alleen af in de vertaalwetenschap, om daar vervolgens niets mee te doen, want tijdens mijn studie was ik toevallig in het schrijven gerold door een baantje bij de universiteitskrant.

Eenmaal erin gerold bleef ik schrijven – met onderbrekingen door het 'ik kan altijd nog'-gevoel. Ik probeerde na mijn studie een jaar de kunstacademie en haakte daar af. Ik ging een jaar naar de pabo en haakte ook daar af (en toch bleef die juffenwens altijd hangen). Ik maakte een uitstapje naar werken bij een uitgeverij toen ik al een jaar of tien schreef, maar ging toch liever weer verder bij een krant.

Al dat afhaken zag ik overigens totaal niet als falen, ik was eerder blij dat ik die dingen die ik altijd nog weleens wilde, even had uitgeprobeerd.

Natuurlijk word je realistischer met de jaren, dus dat ik als eindtwintiger een vrij prijzige professionele cursus hoeden maken in New York ging volgen, daar moet ik nu een beetje om lachen. Vooral omdat ik niet eens tot een baret kwam (baret maken, het eerste studieblok) doordat mijn verkering in New York uitging en ik met de staart tussen de benen weer naar huis ging.

Dus toen ik rond mijn veertigste steeds ferventer begon te googelen op 'opleiding yogadocent', riep die realistischer, volwassener stem in mijn hoofd mij wel terug. Ten eerste ben ik echt best slecht in yoga. Voor de yogi onder ons: ik word vaak gecorrigeerd bij de *downward facing dog*, en dat is toch wel zo'n beetje de basispositie. En zodra er bij een houding één been de lucht in gaat, val ik om. Dat is prima als leerling op de achterste rij, maar minder prima als juf, die het rustige zenmiddelpunt van de les moet zijn en niet steeds moet neerkletteren.

Ook merkte ik, toen ik twee yogaleraren na een les eens luid hoorde bespreken hoe weinig werk ze op dat moment hadden, dat ik een belangrijk deel van dit beroep over het hoofd had gezien; dat het ook echt werk was. Ik zag alleen maar de heerlijke rust van die lessen. Maar ik hoefde precies op het moment van zo'n les ook niet te werken. En de juf of meester juist wel. Essentieel verschil.

Dan is er de andere factor die het 'ik kan altijd nog'-gevoel in de weg kan staan: verantwoordelijkheid. Toen ik als twintiger switchte van studie of als dertiger een tijdje ineens toch maar uitgever wilde zijn in plaats van journalist, kon ik zo-iets ook uitvoeren. Ik had een huurhuis, weinig kosten, geen kinderen om voor te zorgen, alleen een kat die dure dieetbrokjes tot zich nam vanwege een gevoelige nier. Maar dat was te overzien. Ik kon best wat tijd en geld investeren in een mogelijk doodlopende weg. Even interen op mijn spaargeld, en dan was er geen man overboord. Hooguit moest mijn kat een tijdje Lidl-voer eten.

Nu zijn de tijden anders; er moet echt brood op de plank komen, en niet alleen voor mezelf, maar voor het hele gezin. 'Als leraar verdien je meer dan je denkt' stond er op een van de vele door mij geraadpleegde lerarensites. Maar het bedrag dat ik in het schema terugvond, was te laag om de hypotheek van ons Amsterdamse huis en de boodschappen voor een groot gezin te kunnen opbrengen. Laat staan nog eens op vakantie te kunnen gaan in die vele heerlijk lange lerarenvakanties.

Ik heb mijn 'ik kan altijd nog'-gevoel een beetje moeten inperken. Tuurlijk, ik mag nog best googelen op weekenden waarin je de basis van het yogischap leert, maar ik moet niet denken dat ik dan binnenkort een eigen yogaschool in mijn huiskamer run (dit idee heb ik dan weer van de Amerikaanse yogagoeroe Tara Stiles, die ooit in haar New Yorkse huisje begon en nu een imperium bestiert, compleet met eigen Adidas-*gear*).

Maar ik merkte wel dat ik, nu ik een eind in de veertig was, steeds vaker dacht: maar ik mag toch nog wel íéts anders ambiëren? Een vriendin zei het laatst ook al grappend: 'Ik vind dat jij al te lang geen cursus hoeden maken hebt gevolgd.' Ik begreep wat ze bedoelde.

Ik poneerde deze kwestie, zoals ik wel vaker doe, bij mijn man. 'Ik vind dat ik een beetje te veel van hetzelfde doe. Maar ik snap ook wel dat ik niet morgen ineens juf kan worden.' Ik vertelde zelfs, en dat vond ik zelf best lachwekkend en hij ook, dat ik een beetje jaloers op hem was omdat hij sinds een tijdje de voetbaltrainer van het team van ons dochtertje is – hoewel ik nul verstand heb van voetbal en dat ook niet wens te vergaren. Ik was een beetje jaloers dat hij – ook journalist – ineens twee keer per week iets heel anders stond te doen, namelijk acht meisjes op een doel af laten jakkeren in een soort van trainingsregime. Hij had zelfs een officiële trui waar TRAINER op stond. Zoiets wilde ik ook. Iets anders. Maar zonder het huis te verkopen.

’s Avonds laat kwam hij erop terug. ‘Volgens mij hoef je niet van beroep te veranderen,’ zei hij. Ergens vond ik dat wel prettig, want ik heb echt een heel leuk beroep, waar ik al mijn creativiteit in kwijt kan, met een hoop vrijheid, en ik verdien er nog genoeg geld mee ook. Het enige probleem is dat het nogal eenzaam is en dat ik het al jaren doe. ‘Jij moet gewoon weer eens wat nieuws leren,’ zei hij toen.

Ja. Dat was het. Ik hoefde niet per se meteen een hele carrière te laten voortvloeien uit iets nieuws. Ik kon het ook bij dat leren laten. Maar dat leren was wel belangrijk. Mijn geest moest weer eens aan de slag, met iets anders dan een variant op schrijven. ‘Ik denk dat je bij een koor moet,’ was de uitsmijter die hij erop liet volgen.

Ik besloot het nu eens niet bij loos googelen te laten. Volgende week doe ik auditie bij een koor. Want dat is het mooie aan het ‘ik kan altijd nog’-gevoel – je kunt het in je hoofd net zo groot maken als je wilt. Of net zo klein.

Not if you time it

Deze zomer was ik op bezoek bij mijn zus en haar aanzienlijke *urban family*. Zo heeft zij haar ex-vrouw, die nog steeds haar beste vriendin is. En die ex-vrouw heeft inmiddels ook alweer een ándere ex-vrouw, en die is de ándere beste vriendin van mijn zus.

Ingewikkeld, maar toch ook weer niet; we hebben het hier over drie vrouwen die elkaars exen en beste vriendinnen zijn en de deur bij elkaar platlopen.

Monique, zoals ik de ex-vrouw van mijn zus' ex-vrouw even zal noemen, is een hele verstandige vrouw. Ze is dan ook psycholoog, heeft vele cliënten en zit de hele dag te zoomen en slimme dingen tegen getroebleerde mensen te zeggen.

En juist met deze vrouw, in dit gezelschap, kreeg ik het over zoiets triviaals als de afwasmachine uitruimen. Daarvoor reis je dan helemaal naar Amerika en zoek je de urban family van je zus op. Maar onze gesprekken gaan altijd van de grote naar de kleine dingen, en dat is juist leuk.

We hadden het over vreselijke huishoudelijke klusjes, en toen zei ik dat ik de afwasmachine uitruimen wel een van de vreselijkste vond. Daar sta ik niet alleen in, denk ik.

'*Not if you time it!*' zei Monique toen monter. Niet als je het timet!

En daar heeft ze helemaal gelijk in. Feitelijk kost het uitruimen van de afwasmachine, bleek toen ik het echt eens ging timen, maar een minuut of vier. Dat is werkelijk helemaal niets. Andere taken, zoals de kattenbak verschonen of stofzuigen, duren veel langer. Wat is het nou, even wat kopjes en borden in de kast zetten? Die nota bene al voor je schoongemaakt zijn ook? Je krijgt er niet eens vieze handen van, en je raakt er ook niet bepaald van buiten adem.

Not if you time it is, bedacht ik, van toepassing op meer dingen in het leven. Ik deed het zelfs zelf al! Zo zette ik bijvoorbeeld vroeger altijd de kookwekker als mijn dochter als baby huilde bij het naar bed gaan. Als een kind huilt, lijkt de tijd voorbij te kruipen, maar *not if you time it.* Ik merkte toen ik het ging timen dat ze vaak binnen vijf minuten al ophield en in slaap viel. Als ik die wekker niet had gezet, had ik gedacht dat ze al uren huilde en haar vast weer uit haar bedje gehaald na amper drie minuten.

Ik merkte laatst ook dat een bezoekje aan de supermarkt, die dan ook bij mij om de hoek gelegen is, vaak maar een kwartier kost. Daar zit ik soms uren tegenaan te hikken, want geen zin, maar wat is nou een kwartier? En dan heb je alles voor dezelfde en de volgende dag in huis!

Ik zag het ook in de vlogs van influencer Anna Nooshin. Die heeft een hekel aan haar huis opruimen, maar zet ook daar een timer bij aan. Dan blijkt dat ze vaak al binnen een uur een gigantische hoeveelheid rotzooi heeft weggewerkt. En dat voelt veel minder erg dan 'Ik heb de hele dag moeten opruimen' – wat feitelijk gezien ook helemaal niet waar is.

Koop bloemen voor jezelf

Een tijdje geleden las ik een interview met actrice Jelka van Houten. Ze vertelde daarin dat zij vaak niet in staat was om pijn te voelen – wat tot vreemde episodes in haar leven leidde. Dat ze bij de tatoeagewinkel zat, midden in het tatoeëren, en vrolijk met vrienden ging zitten bellen. De meeste mensen zouden vertrokken van de pijn en spanning in de stoel liggen (lijkt mij, ik heb het nog nooit meegemaakt), maar zij negeerde alle pijngrenzen en hing aan de telefoon. Uiteindelijk had ze therapie nodig om weer te voelen wanneer dingen pijn deden. 'Zoals het epileren van mijn wenkbrauwen. Dat deed nooit pijn en opeens dacht ik: au, jezus!'

Het leek me een extreem voorbeeld van wat veel mensen op kleinere schaal wel merken; dat je soms helemaal niet doorhebt wat je zelf nodig hebt of waar je grens überhaupt bereikt is. Dat is ook het lastige aan het inmiddels alomtegenwoordige woord 'selfcare': dat je zélf voor de selfcare moet zorgen. Als je het in Instagramposts en artikelen voorbij ziet komen, kan het lijken alsof het regelen van een lekkere massage, een scrubje in bad en een middag teennagels lakken volstaat, maar de hele selfcare gaat natuurlijk veel verder dan dat. (Al kan het óók nagels lakken omvatten. Daarvan moet je de helende krachten heus niet onderschatten.)

In mijn leven zijn er een paar momenten geweest dat ik

een verandering heb aangebracht in de manier waarop ik voor mezelf zorg, al vind ik mezelf er nog steeds geen grootmeester in. Maar ja, wie is dat wel? Er zijn mensen die heel goed op hun gezondheid letten, maar zichzelf daarmee enorm veel stress bezorgen. Of mensen die een erg relaxed en overzichtelijk werkbestaan leiden, maar die nooit eens lekker voor zichzelf koken. Waarschijnlijk is honderd procent perfecte selfcare zo groot en omvangrijk dat het een fulltimebaan op zich zou moeten zijn, waarbij je niet ook nog voor vrienden, partners, kinderen of huisdieren kunt caren. Dus dat hoeft nou ook weer niet.

Maar om terug te komen op de momenten in mijn leven dat ik iets leerde over zorgen voor mezelf: als ik die afloop, kan ik concluderen dat ik op bepaalde criteria echt beter ben gaan scoren.

Zoals iedereen ging ik op mezelf wonen zonder enig idee hoe dat moest. Dat was een lange leerweg in de selfcare die ik moest afleggen, te beginnen op mijn achttiende, en ik kreeg het diploma, in overdrachtelijke zin, pas rond mijn dertigste. Ik kwam uit een huishouden gedreven door een man die niet kon huishouden; ik had nog nooit iemand met zorg een tafel zien afnemen of een bed lekker zien opmaken.

Ik trok in een huis zonder gordijnen en bedacht niet dat ik die moest kopen. (Ik ben daar nog steeds vrij slecht in, moet ik zeggen, in sommige kamers van mijn huis ontbreken nog steeds gordijnen. Maar niet in de slaapkamer! En dat was in mijn eerste huis wel zo.) Ook presteerde ik het om het alleroncomfortabelste bed van de hele IKEA te kopen: een futon, Japanse stijl, met een soort zak gevuld met haver als matras. Omdat mijn geld na deze miskoop op was, moest ik er jaren op slapen. In de gordijnloze slaapkamer. Mijn boodschappen deed ik bij de allergoedkoopste supermarkt en ik kookte zelden iets lekkers voor mezelf. Mijn huis ruimde ik bijna nooit op en van schoonmaken had ik überhaupt geen idee.

Flashforward naar mijn dertigste, toen ik voor het eerst een eigen huisje kocht. Geen met huisgenoten gedeelde ruimtes meer, geen tijdelijke optrekjes in onderhuur. Deze veertig vierkante meters waren allemaal van mij, en hoewel het bed midden in het huis stond, want kamers waren er niet, maakte ik het heel gezellig.

Ik kreeg hulp van de moeder van mijn beste vriend, die juist heel goed was in selfcare (en anderencare). Zij sleepte me mee van woonwinkel naar keukenoutlet en zei dan steeds monter: 'Ik kan heel goed anderen hun geld uitgeven!' En dat was maar goed ook, want daar was ik zelf dus heel slecht in. Jarenlang had ik beknibbeld op leuke meubels, op een lekkere bank of een goed aanrechtblad. Of een normaal bed. Nu liep er iemand naast me die me liet zien hoe fijn het was om goed te wonen. En ik luisterde naar haar. En paste de lessen later zo veel mogelijk toe.

Les 1: koop een bank die wat groter is dan eenpersoons. Les 2: koop bloemen voor jezelf. Les 3: als je iets heel mooi vindt, mag je daar best wat geld aan uitgeven.

Rond deze tijd ging ik toevallig ook beter voor mezelf zorgen op werkgebied. Dat is lastig als je in de twintig bent, want dan moet je al blij zijn met elke baan die je krijgt, en vooral veel ervaring opdoen. Maar er komt een moment dat je al een tijd werkt en kritisch moet bedenken wat je wilt. Wat goed voor je is en wat niet, en in wat voor setting jij prettig kunt werken.

Een van de belangrijkste lessen die ik, inmiddels al een tijdje freelancer, in die tijd leerde, was om kritisch na te denken over klussen. Natuurlijk was het financieel reuzehandig om overal ja op te zeggen, maar stressueel gezien niet. Bovendien was het zelfs financieel niet slim, want wie overal ja op zegt, kan vastlopen in deadlines, en dan moet je opdrachtgevers teleurstellen. En dat leidt niet per se tot meer opdrachten.

Nee zeggen tegen dingen is sowieso nogal een belangrijke les in de selfcare, al is het natuurlijk niet altijd prettig om te doen. En al moet je oppassen – dit weet ik ook uit eigen ervaring – dat je niet té nee-zeggerig wordt en alles afhoudt wat mogelijk ook heel leuk en geweldig zou kunnen zijn.

Een andere les was de les van het schuldgevoel. Dat stak uiteraard de meedogenloze kop op toen ik kinderen kreeg. Schuldgevoel leidt niet tot selfcare. Eerder tot het tegenovergestelde.

Ik weet nog dat ik het voor het eerst voelde. Ik was net thuis uit het ziekenhuis met baby Benjamin en hing aan de telefoon met een vriendin om te vertellen over mijn bevalling (mijn lievelingsverhaal in die tijd). Benjamin lag naast me op bed en begon ineens oorverdovend te huilen. Hij had honger! Natuurlijk! Het was allang weer tijd voor zijn flesje! Ik zat daar helemaal niet klaar voor! Ik hing aan de telefoon! Slecht!

Na die huilbui leerde ik om altijd al vóór het huilen begon met mijn gekolfde fles klaar te zitten, en hoewel ik ook heus vele grote en kleine steken heb laten vallen in het moederschap, is die staat van paraatheid wel iets wat bleef, ik denk bij de meeste ouders. Ik sliep in de babytijd ook met gebalde vuisten en een aangespannen kaak, zo alert was ik om zelfs in mijn slaap mogelijke huiltjes en geluidjes op te vangen.

Het is makkelijk om jezelf in die situatie compleet te vergeten. Dat deed ik ook wel een beetje. In de beginjaren, met twee baby's die kort na elkaar geboren werden en een van deadlines aan elkaar hangend werkend leven, racete ik min of meer heen en weer tussen kinderen en werk. Ik had altijd een paar minuten rust (me-time, een vreselijk woord dat toen nog niet bestond) tussen mijn kantoortje en mijn huis. Dan ging ik even koffiedrinken met mezelf in het cafeetje dat er precies tussenin lag. Even omschakelen van het werk naar het moederschap. En vooral: even alleen de krant lezen.

Ik weet nog dat er in dat café vaak iemand was die altijd bij mijn tafeltje kwam staan om te vragen of ik (gratis) iets voor haar blad wilde schrijven. En ik weet ook nog dat ik haar nadat dit verscheidene keren was gebeurd, een vurige mail heb geschreven waarin stond dat dit mijn enige tien minuten voor mezelf op een dag waren en of ze ermee wilde ophouden.

Ja, soms is selfcare een keiharde business waarmee je niet per se vrienden maakt. Dat vertellen ze er niet bij, in die Instagramberichten met kristallen en badschuim.

De selfcare die je als moeder moet doen, maar niet altijd kunt of wilt doen (*hello*, schuldgevoel, *my old friend*), dat is een doorlopend verhaal. Maar het lukt me tegenwoordig heel aardig. Sinds kort heb ik een klein, wollig leunstoeltje in de keuken neergezet, in de hoek naast de eettafel. Als Gijs een avond kookt en de kinderen rond die tijd in hun schermpjes verdiept zijn, ga ik daar weleens in zitten. Het is een erg prettig hoekje, en ik vind het leuk om te kijken hoe Gijs staat te koken – vooral omdat ik dat meestal doe, dat zeg ik er meteen even bij. Ik zou op dat moment ook het huis kunnen opruimen, de triljoenste was kunnen opvouwen, nog snel drie mails kunnen beantwoorden of de tafel kunnen dekken. Maar ik zit in mijn stoeltje en kijk, of ik pak een boek en lees.

Soms is het zo simpel als ergens een stoel neerzetten. En er zelf in gaan zitten. Vooral dat.

Hoe gaat het vandaag met je?

Ik geloof dat ik tegenwoordig al mijn wijsheid uit podcasts haal. Wil ik iets over de wereld van de media weten, dan luister ik *Een podcast over media*. Staat mijn hoofd meer naar Brits gepraat over hoge en lage cultuur, dan zet ik Pandora Sykes en Dolly Alderton met *The High Low* aan. Wil ik fijne verhalen uit mijn eigen buurt, dan luister ik naar *De man met de microfoon*. En voor mijn rondje rennen door het park en langs het water is *Desert Island Discs* ideaal, want dat programma duurt precies zo lang als een rondje en is ook een heerlijk interviewformat – een vraaggesprek met een beroemdheid, onderbroken door de lievelingsnummers van diegene.

Ik vroeg me vanmorgen, toen ik aan mijn rondje begon en even door mijn podcasts scrolde, af of ik wel moest luisteren naar het interview met Sheryl Sandberg, de ex-Facebook-COO die een boek schreef over het plotselinge verlies van haar man en de vader van haar kinderen. Hij overleed aan een hartaanval terwijl hij aan het – nota bene – hardlopen was tijdens hun vakantie.

En inderdaad, halverwege mijn renronde liep ik al te huilen, mijn grote groene koptelefoon op mijn kop, in een, gelukkig, verder uitgestorven park. Sandberg zegt namelijk heel veel goede, mooie en aangrijpende dingen over rouw. Maar haar allerbeste tip vond ik iets wat ze adviseerde aan de mensen om een rouwende persoon heen.

Die weten vaak van gekkigheid niet hoe ze moeten reageren op zo veel verdriet, op zo'n groot verlies dat een ander treft. Sandberg haalde een anekdote aan over een goedbedoelende collega die op het Facebookkantoor vanaf de andere kant van een lange galerij naar haar schreeuwde: '*I'm sorry for your loss!*' Anderen, zei ze, meden haar blik, leken haar ineens als een soort spook te zien – iemand met wie je niet wilde, of niet kon, omgaan.

Maar goed, die tip. Wat Sandberg zei, is dat je als vriend of familielid van iemand in diepe rouw nooit moet vragen: 'Hoe gaat het met je?' Nee, je moet vragen: 'Hoe gaat het vandaag met je?' Want in tijden van rouw zijn er meer ups en zeker meer downs dan ooit en wisselen die elkaar soms in een schrikbarend hard tempo af. Iedereen die ermee gedeald heeft, weet dat heel goed. En iemand die er middenin zit, kan niet met droge ogen 'Prima' zeggen om de ander een lekker geruststellend antwoord te geven.

Ik dacht, met een schok, meteen terug aan de vrouw die ik, na het verlies van haar man, onlangs had gevraagd hoe het met haar ging. Ik had het wel goed bedoeld, maar gek genoeg wist ik op het moment dat ik het vroeg al dat mijn vraag niet helemaal goed was. Ik wist alleen niet waar het hem in zat.

Het zat hem in dat 'vandaag'. Soms kan een klein woordje veel verschil maken in een tijd van groot verdriet.

Spreek gewoon met jezelf af dat je het doet

Ik ben de laatste tijd geïnteresseerd geraakt in de manieren waarop mensen gewoontes kunnen creëren, en dan vooral hoe ze góéde gewoontes kunnen creëren. Hiertoe luister ik veel naar de podcast van Gretchen Rubin, *Happier*, want zij is behalve geluksexpert ook zeer goed ingevoerd in de wereld van de goede gewoontes. Tenslotte zijn die nou eenmaal een handige manier om een paar procent gelukkiger te worden. In haar boek *The Happiness Project* beschrijft Rubin ook hoe je bijvoorbeeld net een tikje gelukkiger wordt als je jezelf aanleert om elke dag je bed op te maken. En inderdaad: het werkt. Ik heb het zelf ondervonden, en velen met mij.

Nu las ik toevallig bij een andere schrijfster ook een goeie tip om gewoontes te ontwikkelen. Of eigenlijk om jezelf mentaal zo sterk te maken dat je zo'n gebruik er ook echt in houdt, want dat is vaak het moeilijke deel. De Amerikaanse schrijfster Kirstin Chen had een stuk gepubliceerd met de titel 'How Yoga Cured My Writer's Block'. Op zich al een interessant onderwerp, maar zij haalde daarin haar yogaleraar aan, die haar had aangemoedigd om het ritme te ontwikkelen om zes (zes!) keer per week aan ashtangayoga te doen.

Zelf zag ze een beetje op tegen dat veeleisende schema, want wat nou als ze de avond ervoor uit wilde gaan met vrienden of als het een keer sneeuwde? Haar leraar zei toen: 'Je verspilt elke dag zo veel energie aan de vraag of je zult gaan of niet. Spreek gewoon met jezelf af dat je het doet, dan hoef je er nooit meer over na te denken.'

Vond ik een goeie. Simpel. Maar zeer doeltreffend. Hierin ligt misschien ook de kern van mijn probleem met goede gewoontes zoals hardlopen of gezond koken: ik spreek het niet met mezelf af, en daarom blijf ik de hele dag met de vraag rondlopen of ik het nou wel of niet zal doen... om het vervolgens niet te doen. Aan het begin van de dag denk ik nog: ja, ga ik doen, vanavond echt goed koken, komt er zeker van, maar eerst even dit, eerst dat, en voor ik het weet, is het half zes en race ik naar de supermarkt voor vier diepvriespizza's.

Terwijl ik ook met mezelf had kunnen afspreken: deze week kook je vier keer met verse, gezonde producten, en wel op die en die dagen en je haalt 's ochtends al de boodschappen. En niks geen 'o, vandaag toch niet' of 'er kwam even iets tussen'.

Zelfde met sporten. In de agenda zetten, op vaste tijden doen. Net als bijvoorbeeld naar een koor gaan of gitaarles volgen. Daarbij spreek je ook niet elke week een nieuwe tijd en plek af, of ga je ineens twee weken niet; daar ga je heen, op gezette tijden. Dat zou je ook met je sportgewoontes kunnen doen, realiseerde ik me, dus veranderde ik van het type 'gaat beetje vaag fitnessen wanneer het haar uitkomt' (nooit) in het type 'twee vaste sportclubjes – bootcamp en crossfit – op twee vaste dagen in de week'. Het andere deel van de zin – 'dan hoef je er nooit meer over na te denken' – is minstens zo belangrijk.

Mijn man Gijs zegt weleens dat ik meer energie besteed aan het praten over op welk superhandig uitgekiend tijdstip ik zal gaan hardlopen dan aan het hardlopen zelf. Terwijl ik, als ik besluit dat ik het maandag, woensdag en vrijdag doe, en wel om negen uur ’s morgens, nooit meer gedachten aan dat vraagstuk zal hoeven te wijden. Nu nog even in de praktijk brengen. Maar de gedachte is er.

Het is ouder worden of doodgaan

Ik zat te luisteren naar een interview met modejournalist Cécile Narinx, en die had het over ouder worden. Een onderwerp dat mij ook wel bezighoudt, want na je veertigste heb je het daar ineens vaak over – je knieën geven er aanleiding toe, of je oogleden, of je haarkleur. Ik vind ouder worden niet erg, niet zo erg als veel anderen in ieder geval. Ik verlang niet naar Botox en ik verlang ook niet per se naar mijn gemoedsgesteldheid van toen ik twintig was. Narinx had dat ook niet. Ze citeerde Katja Schuurman (een zinnetje uit de derde hand, zoals eerder gezegd zijn dat vaak de beste!), die zij ooit had horen zeggen: 'Het is ouder worden of doodgaan.'

En dat is nou precies wat ik al mijn hele leven denk. Ik sprak een variatie op dit thema ooit uit in een talkshow, toen ik vertelde over wat ik zo leuk vond aan veertig worden en ouder dan veertig zijn. 'Je bent in ieder geval nog niet dood.' De talkshowpresentator vond dat ik de lat dan wel erg laag legde, maar dat vond ik niet. Ik had het er later over met een goede vriendin. Zij zei: 'Maar hij kent jouw geschiedenis niet.'

En dat is waar; die presentator wist misschien niet dat mijn moeder al heel jong overleed, toen ze vierendertig was, en dat ik dus vanaf mijn kindertijd al weet dat het leven plotseling kan ophouden en dat oud worden een voorrecht is. En rimpels krijgen, grijze haren, knieën die kraken, oogleden die overhangen. Je mag dat allemaal meemaken omdat je nog leeft. Je bent niet dood, je wordt steeds ouder. En daar mag je blij mee zijn. Ik leg de lat helemaal niet laag, ik leg hem juist hoog: het leven is het hoogste goed, en daarmee ook je gezondheid. En zolang die op orde is, kun je maar beter blij zijn met je kraaienpootjes.

Ik dacht al die tijd al iets in de richting van wat Katja Schuurman treffend samenvatte, maar ik moest het even zo bondig in een zinnetje horen. Dat ga ik ook gebruiken als iemand anders weer klaagt (of ikzelf) over de dingetjes die bij het ouder worden horen. Ik vind het wel in aanmerking komen om een spreekwoord te worden, maar hoe iets een spreekwoord wordt, weet haast niemand.

Het zinnetje is in ieder geval het onthouden waard, ook als je pas twintig bent. Want als je op een dag steeds vaker gesprekken over je knieën of je krakende rug voert, zul je het nog nodig hebben. Wel met een glimlach uitspreken (dat is ook beter voor de vorm van je rimpels).

Win advies in bij iedereen, en volg dan de stem van je hart

Een tijdje geleden beluisterde ik *Dag voor dag*, een prachtige podcast over rouw, in 2021 gemaakt door de journalist en ookwel-influencer Liesbeth Rasker. Zelf verloor ze haar moeder toen ze nog een klein meisje was, en ze interviewt onder anderen haar vader over de rouwtijd na haar moeders dood. Maar ook spreekt ze bijvoorbeeld een vriend die, zelf amper volwassen, in korte tijd heel plots allebei zijn ouders verloor. Of een vriendin die haar beste vriend verpleegde terwijl hij stierf.

Het is een erg aangrijpende podcast, maar hij zit toch ook vol gelach en plezier, zoals wanneer de geïnterviewde vriend Gijs van der Sanden (die het boek *De dingen die je vergeet* schreef) zegt dat hij het niemand aanraadt om op jonge leeftijd je beide ouders te verliezen. Hoe sterk, weerbaar of juist gevoelig je daar ook uit komt.

In het interview met haar vader, dat uiteraard ontzettend ontroerend is, citeren Liesbeth Rasker en hij vol instemming een uitspraak van haar moeder: 'Win advies in bij iedereen, en volg dan de stem van je hart.' Die wijsheid, vertellen ze in de podcast, wilde ze voor haar dood erg graag overbrengen op haar twee dochters.

Ik vond het een hele goeie. Je hoort mensen wel vaker zeggen dat je de stem van je hart moet volgen, maar meestal is dat nog niet zo simpel. Want die stem roept soms van alles door elkaar. Een andere strategie bij het nemen van beslissingen en het algehele leiden van je leven is om advies in te winnen bij de mensen om je heen.

Je hoeft niet te kiezen voor óf het een óf het ander. Maar juist de combinatie van die twee, waarbij je iedereen spreekt en vervolgens de conclusie door je eigen hart getrokken moet worden, vond ik simpel en geniaal.

Ik had er nog niet zo over gedacht. Ik ben zelf iemand die best goed is in haar hart volgen, maar die toch ook altijd reuzeveel behoefte heeft aan de al dan niet deskundige mening van de mensen om haar heen.

Laatst nog, met een belangrijke beslissing over een grote werkklus die ik moest voortzetten of juist stopzetten. Ik wist het echt niet, al voelde ik wel dat ik niet meer door wilde met dit werk. Dus vroeg ik het aan het hele koor van mensen om me heen, en probeerde na elk gesprek te peilen wat me nu het meest aansprak: de mensen die zeiden 'Ga toch door' of degenen die riepen 'Nee, stoppen'.

Het is mijn lievelingsvolgorde om bij moeilijke beslissingen of andere zaken van knoopdoorhakkerige aard, eerst een grote of kleine ronde langs verstandige mensen in mijn omgeving te maken en al hun meningen te wegen om zo tot een eindbesluit te komen.

Natuurlijk luister ik naar vrienden en familieleden wier mening ik hoog heb zitten en van wie ik weet dat ze me goed kennen. En natuurlijk luister ik ook naar mezelf. Het mooiste is dat het dan een soort brouwsel wordt, van alle geweldige en slimme mensen om je heen en van jezelf.

Op reis om sloom tv te kijken

Met de jaren ben ik steeds beter gaan begrijpen wat vakantie moet zijn, en ja, vakantie is echt een hogere wetenschap voor mij. Zo ben ik er bijvoorbeeld achter gekomen dat ik na een hele drukke tijd beter op reis kan gaan naar een plek die ik al ken. Op zich logisch, maar lange tijd vond ik het echt een zwaktebod om op vakantie te gaan naar eerder bezochte plekken.

Sinds mijn herhaalvakantie op Corsica denk ik er anders over. We gingen naar een berg waar we al twee keer waren geweest en wisten precies waar de twee lekkerste restaurants zaten en waar het beste strandje was, waardoor we ongelofelijk konden ontspannen, want: we hoefden niks meer uit te zoeken.

Gewoon terug naar die ene hele leuke plek als je de vakantie echt nodig hebt. En als je wel veel energie hebt en niet net uit een dolle kermis van werkverplichtingen komt, dán is backpacken door de Andes of een wilde cultuurreis naar Madrid juist een heel goed idee.

Ik ben gek op zeer specifieke reisadviezen van anderen, en dit las ik van de Amerikaanse reisjournalist Carey Polis, die werd geciteerd op lifestyleblog Cup of Jo. 'Ik zorg er altijd voor dat ik tijd heb om te niksen.' En zij bedoelt: niksen moet, óók op die tweedaagse stedentrip naar Parijs. Polis wijdt uit met voorbeelden: ‘Misschien betekent dat uitslapen, rustig ontbijten en de boeken die ik meegesleept heb, echt lezen. Of ik ga vroeg in de avond eten in het restaurant dat ik wilde proberen, dan terug naar het hotel, lekker de badjas aantrekken en een slechte film kijken op tv. Niets is zo vakantieachtig als *She’s All That*.’

Dit vind ik ontzettend herkenbaar. Ik ga weleens voor een paar dagen solo weg naar een andere stad voor een werk-en-leuke-dingenminivakantie, meestal als ik aan iets groots moet werken, zoals het afmaken van een boek of toneeltekst, waarbij het niet handig is als mijn gezin me komt storen met vragen over tassen die kwijt zijn. Die dagen heb ik natuurlijk ook wat vrije tijd: zo’n weekend gaat half om werken, half om bijkomen.

En ik heb ook geleerd om die vrije uren niet door te brengen met hard door de stad hollen, winkelen en alle musea bekijken; ik leen dan het liefst een dvd van het hotel (er zijn nog hotels waar dat kan!) of ik zoek een fijne film op Netflix, doe inderdaad die zachte hotelbadjas aan – dat deed ik al voor ik die tip van Carey Polis las –, installeer me met een breed scala aan fluffy hotelkussens in bed en ga een film kijken. Toblerone uit de minibar erbij, zelf een kopje thee zetten en ik voel me de koning te rijk.

Omdat de ruis van thuis er even niet is, en omdat je op een nieuwe plek bent waar van alles te doen is wat je nu juist even níét doet, overvalt je dan een gevoel van diepe rust. Alsof je een dagje schoolziek bent op vakantie. Vakantie van je vakantieverplichtingen, zo zou je het ook kunnen noemen. Heerlijk.

Wetten versus waarden

Soms lees je iets net op het moment dat je er zelf over zit na te denken, en dat overkwam mij toen ik een interview met schrijfster Bregje Hofstede las, in de *Volkskrant*-serie over de zin van het leven van journalist Fokke Obbema.

Ik liet mijn gedachten al een tijdje gaan over iets wat lang geleden was gebeurd en waarvan ik me altijd had afgevraagd waarom het zo was gelopen. Het zat zo. Op de middelbare school was ik een enorme streber. Ik wilde altijd hoge cijfers halen, al was dat in mijn tegendraadse klas vol blowende, verwende pubers helemaal niet bon ton. Gelukkig wist ik er wel mee weg te komen omdat ik me ook vaak misdroeg en uit de les werd gestuurd; daarmee compenseerde ik de bollebozerige negens op mijn rapport.

Ik was dus ijverig, maar toen ik op de universiteit kwam, was dat helemaal voorbij. Plotseling vond ik elk cijfer prima, als het maar voldoende was om door te stromen naar het volgende jaar. Ik heb geen idee meer wat voor cijfers ik haalde in die tijd: misschien was het vaak een zeven, misschien ook vaak een zes. Ik zat daarover te denken omdat veel pubers in mijn omgeving nu het eind van de middelbare school naderen. Zo dacht ik weer terug aan de wonderlijke overgang die ikzelf had gemaakt van keiharde streber naar laconieke met-de-pet-ernaargooier.

En toen las ik dat interview met Bregje Hofstede. Zij had al op haar vierentwintigste een burn-out en schreef daar een boek over, *De herontdekking van het lichaam*. In *de Volkskrant* vertelde ze: 'Tijdens mijn burn-out kwam ik erachter dat ik volgens wetten had geleefd, niet volgens waarden.' Dat vond ik een goed citaat. Ze zei er nog wat meer over: 'Ik dacht bijvoorbeeld dat ik vooral hard mijn best moest doen en productief moest zijn. Maar ja, waarvoor eigenlijk? Die vraag had ik niet gesteld, ik was alleen bezig een goede leerling te zijn. Dan blijf je onzeker of je het wel goed doet. Het is een bron van kracht als je bij jezelf kunt nagaan wat je waardevol vindt.'

Dit herkende ik, al had ik het hele dilemma wetten versus waarden nooit bewust bedacht. Maar het klopte wel. Op de middelbare school leefde ik volgens wetten: een hoog cijfer, luidde de wet nu eenmaal, was goed. Dat vond mijn vader, toen de belangrijkste persoon in mijn leven, ook. Als ik met een negen thuiskwam, zei hij gerust: 'Dat is een punt te weinig.' Misschien zei hij het half grappend, maar hij zei het wel. Altijd.

Tijdens mijn studie aan de universiteit kwam ik niet meer thuis met cijfers, maar woonde ik op mezelf. Ik had niemand om mijn cijfers mee te bespreken, en mijn docenten waren heel anders dan de leraren op de middelbare school, die mijn cijfers goed bijhielden en er constant gemiddeldes van berekenden. Ik werd aan mijn lot overgelaten, moest zelf maar zien dat ik studiepunten haalde, en daardoor kon ik mijn lot ook zelf gaan bepalen. En gaan bepalen wat ik dan voor waarden had – iets waar ik overigens nog lang over deed, erachter komen wat ik zelf belangrijk of leuk vond.

Dat kwam pas toen ik ging schrijven voor het studentenblad. Toen vond ik het weer belangrijk dat ik goed werk afleverde en wilde ik een tien halen. Niet een echte tien, maar een denkbeeldige tien, voor mijn stukjes en artikelen. Omdat ik het nu waardevol vond wat ik deed. Ik denk dat mensen daarom rond hun twintigste vaak een crisis krijgen. Ineens moeten ze zelf gaan bepalen wat er belangrijk is en kunnen ze zich niet meer vasthouden aan wetten. Aan de andere kant is dat volgens mij wel de weg tot geluk. Zei ze bombastisch.

Niet doen, Won

Ik had al een tijdje het gevoel dat horecamagnaat Won Yip weleens een verstandig man zou kunnen zijn, en dat kwam door zijn jurylidmaatschap in het programma *Dragon's Den.* Telkens als daar een nerveus zwetende kandidaat aankwam met een pitch voor de ultieme antistressbal of het beste koffieabonnement aller tijden, keek Yip kritisch over het zware montuur van zijn bril heen en stelde een paar prangende vragen die subtiel wezen op de haalbaarheid – of niet-haalbaarheid – van dit alles. Meestal cijfermatig onderbouwd door een razendsnelle calculator die in zijn hoofd leek te zitten.

En toen las ik een interview met hem in *de Volkskrant*, dat ging over de zware tijd waarin de horeca was gedonderd door de coronacrisis. Yip, zelf eigenaar van flink wat etablissementen, zat natuurlijk ook in de problemen, maar praatte er koel over. Dat is misschien wat je sowieso moet zijn om magnaat van wat voor type dan ook te worden: koel. Als je snel hysterisch raakt, moet je geen grote onderneming leiden. Het kan misschien, maar het is geen slim idee.

En toch zou Yip, suggereerde de interviewer, zich makkelijk hebben kunnen verliezen in piekeren en malen. Het was aanhoudend prachtig weer tijdens de lockdown, maar al zijn terrassen waren dicht. Bovendien dreigde aan alle kanten het faillissement, hij heeft tientallen personeelsleden, de wereld leek op instorten te staan, de enorm hoge vaste lasten liepen door. En ook na de lockdown was de omzet in korte Yip-bewoording 'ruk'.

Maar als het piekeren en malen op de loer lag, zei Won Yip altijd dit tegen zichzelf: 'Niet doen, Won.'

Een korte zin, juist door zijn beknoptheid zo mooi. En effectief. 'Ik ben er gewoon niet aan begonnen. Dat lukte echt,' zei hij in het interview.

Oké. Zo klinkt het wel heel makkelijk. En sommige mensen hebben zo'n geest. Die kunnen midden in een voor hun onderneming heftige crisis elke ochtend in hun eigen lege restaurant gaan zitten, een cappuccino drinken en eens bedenken wie ze nu weer zullen bellen om dingen te ritselen. In een ander interview met Yip las ik dat hij altijd zo denkt en tegen horecacollega's die een mindere periode hadden, zei: 'Een jaar heeft 52 weken.' Of over verbouwingen die uitliepen: 'Straks wordt er weer geld verdiend.' Ook mooie oneliners, maar 'Niet doen, Won' vond ik in al zijn stoïcisme de mooiste.

Ik zit zelf niet zo in elkaar, ben toch meer het type paniek in de tent, maar ik heb die zin wel overgenomen. 'Niet doen, Aaf.' Ik gebruik hem vooral 's nachts, als ik in bed lig te denken en te malen, meestal over akkefietjes en misstandjes in mijn leven die in het daglicht al een stuk beter zijn, of over zaken die ik op dat moment zeker niet kan oplossen, en altijd over zaken die mij uit een slaap houden die veel heilzamer zou zijn dan al dit gedenk.

Tuurlijk, ik probeer ook andere dingen. Even naar beneden. Wat lezen. Druppeltje CBD-olie. Voor de tiende keer naar de wc. Glaasje melk. Maar uiteindelijk zeg ik dan tegen mezelf: 'Niet doen, Aaf.'

Want dat is toch echt de enige oplossing. Het werkt lang niet altijd, zoals bij Won Yip. Maar soms werkt het wel. En dan val ik in slaap.

Een ruime marge in het leven

Soms leef je je leven volgens een bepaald motto zonder dat je dat motto letterlijk hebt verwoord. Een levensmethode die je wel voelt, maar nooit in woorden hebt uitgedrukt. Dan is het leuk als een ander het voor je doet. Ah, dit was mijn motto dus, denk je dan.

Zo ontdekte ik toen ik jaren geleden columnist werd – in die tijd schreef ik nog elke dag voor de krant – dat ik moest doen alsof ik alle tijd van de wereld had voor een column. Ik moest er in de middag (later kreeg ik een ochtenddeadline) uren en uren voor inruimen, al schreef ik hem vaak veel sneller. Wat helemaal niet werkte, was gaan schrijven met het idee dat alles over twee uur af moest zijn. Want dan blokkeerde ik geheel en kwam er geen woord op papier. Terwijl ik juist veel sneller werkte als ik zeeën van tijd had. Dus ik blokte die zeeën van tijd, hield tijd over en ging dan tevreden een boterham eten.

Zo werkt het ook met andere zaken: als ik weet dat ik heel snel een maaltijd op tafel moet toveren, schiet ik in de stress en ga ik onhandig doen met hakmessen en gehaktballetjes die op de grond vallen. Terwijl ik op een avond zonder tijdsdruk net zo snel of zelfs sneller een maaltijd op tafel krijg. Zonder mezelf door spanning keihard in mijn duim te snijden.

Ik wist al dat ruim de tijd nemen goed voor mij werkt, en me zelfs sneller maakt. En toen las ik een uitspraak van Henry

David Thoreau, de Amerikaanse schrijver die zich in 1845 twee jaar terugtrok in een piepklein huisje aan Walden Pond. Walden Pond is een meer in Massachusetts waar ik weleens met mijn zus gewandeld heb, die er vlakbij woont. Thoreau schreef een beroemd boek over zijn verblijf daar: *Walden*. Je zou hem een tinyhousebewoner en onthaaster avant la lettre kunnen noemen. In die tijd noemden ze hem misschien eerder een zonderling annex kluizenaar.

Maar goed, Henry David Thoreau had heel goed door wat hij nodig had voor een goed leven en hij schreef in *Walden*: '*I love a broad margin to my life*', 'Ik hou van een ruime marge in mijn leven'. Een marge, neem ik aan, van tijd. Van genoeg tijd om de dingen te doen die je moet doen. Sterker nog, van misschien wel veel te veel tijd – waardoor je ontspant en beter werk aflevert.

Maar je kunt Thoreaus levensmarge ook op andere manieren interpreteren. Zo ben ik momenteel bijvoorbeeld bezig met het leuke onderwerp genaamd de hypotheek, en ik merk elke keer dat ik het idee van géén maximale hypotheek die mij in een wurggreep neemt, erg fijn vind. Want dan blijft er een (financiële) marge over na het betalen van de vaste lasten, en die zorgt ervoor dat er rustig geademd kan worden, dat je af en toe uit eten kunt, of een weekend weg, of een leuke nieuwe bril kunt kopen als dat nodig is.

En zo zijn er nog veel meer fijne ruime marges te bedenken. Sinds ik die quote van Thoreau heb gelezen, probeer ik bijvoorbeeld tien minuten te vroeg aan te komen bij een afspraak, zodat ik in alle rust even om me heen kan koekeloeren in het café of restaurant in kwestie. Of ik sta 's morgens net wat vroeger op dan de rest van het gezin – dit lukt me zelden, maar toch – zodat ik koffie kan drinken en de krant kan lezen zonder dat er allemaal mensen om me heen darren.

Gewoon beginnen

Een van de grappigste personen die ik niet persoonlijk ken, is de Amerikaanse comédienne Tig Notaro. Haar show *Happy To Be Here* is te zien op Netflix. Ze maakte in een jaar tijd allerlei verschrikkingen mee – kanker, dood in de familie – en dat zit in die Netflix-special, én ze is zo iemand die ook door alle verschrikkingen heen een enorm gevoel voor humor weet te behouden. En o ja, ze heeft een adviespodcast. Een ideaal iemand om een goed zinnetje met een levenswijsheid aan te ontlenen.

Toch is Tig niet echt heel goed in advies geven. Dat is juist het leuke aan haar podcast, hij heet *Don't Ask Tig*. Een luisteraar stuurde haar een mail met de vraag wat ze moest doen met haar bruiloft. Het probleem: haar ouders en schoonouders waren allemaal 'grote baby's' die de dag met hun kinderachtige gedrag zeker zouden verpesten. Tig wist meteen de oplossing, zei ze: ze raadde met klem aan om de bruiloft in het geheim buiten de ouders om te organiseren, en vervolgens een aparte bruiloft voor de 'grote baby's' te houden, waar ze zich naar hartenlust konden misdragen. Een nogal wonderlijk advies. Lekker out of the box, dat wel, maar veel heb je er niet aan.

Er zit altijd een gast bij Tig die wel redelijk serieus op de materie ingaat, zo slim is ze natuurlijk ook wel weer, en dit keer was dat Ira Glass. Hij is onder podcastluisteraars een soort held: Ira Glass is de gastheer van *This American Life*, de oerpodcast der podcasts, en hij is, ondanks zijn ietwat irritante nasale stemgeluid, gewoon heel goed in wat hij doet. Tig legde hem haar eigen vraag voor: 'Hoe begin ik een podcast?' En toen had hij een heel verfrissend antwoord. 'Je moet er gewoon mee beginnen. Want dat is het met alle creatieve dingen. Mensen hebben de neiging het uit te stellen.'

Oei, dat klopt wel. Creatieve plannen maken kan heel urgent voelen, maar ook ingewikkeld. Er ligt als het ware een groot, open vel voor je, en dat kun je helemaal zelf invullen. Dan ga je uitstelgedrag vertonen: voor je tekenproject eerst heel veel ingewikkelde pennen kopen bijvoorbeeld, of voor het boek dat je wilt schrijven honderden boeken over boeken schrijven lezen, in plaats van achter de laptop plaats te nemen en hop, die eerste woorden te typen. En toch moet dat uiteindelijk gebeuren. Die eerste woorden typen, die eerste lijnen tekenen, die eerste woorden in een microfoon zeggen.

Glass zei er nog iets specifieks bij, namelijk dat het helemaal niet ingewikkeld is om een podcast te maken. Je kunt hem zelfs met je telefoon opnemen, en als je een paar tutorials leest, kun je hem ook nog monteren naar eigen smaak. Je zou nu op een stoel kunnen gaan zitten, in je telefoon praten en een uur later een podcast hebben. Hetzelfde geldt voor veel dingen maken: zo complex hoeft het niet te zijn.

Een paar weken later sprak ik met een vriend af in een café. We wilden misschien samen een podcast gaan maken. Hoe zullen we het aanpakken, zeiden we tegen elkaar en we keken elkaar aan. 'Ik denk dat we er gewoon mee moeten beginnen,' zei ik.

Kies een hobby waar je middelmatig goed in bent

Ik deel een kantoor met een paar andere freelancers die allemaal iets heel goed kunnen: ontwerpen, bladen maken, schrijven, radioprogramma's maken, sites bouwen, ontwerpen (dit boekomslag bijvoorbeeld!). Hoewel we lang niet altijd allemaal tegelijk op ons kantoor zitten en iedereen die er is, meestal de hele dag geconcentreerd en zwijgend met zijn eigen werk bezig is, is het tóch inspirerend.

Alleen al de ingespannen blik van een ander die iets aan het maken of bedenken is, kan je aanzetten om zelf ook flink aan het werk te gaan. Ik ben daar blij en krijg er veel gedaan. En ik leer er ook veel. Een jongere kantoorgenoot was begonnen aan een nieuwe hobby: *punch needling*, een coole, nieuwe borduurtechniek (dat kan, cool en nieuw borduren). Ze maakte meteen al prachtige dingen en ik vroeg haar of ze er niet een kleine business in moest beginnen; haar borduurwerken online verkopen zou vast geld opleveren.

'Ik probeer nu juist eens een hobby te hebben die ik niet in een werkproject verander,' zei ze toen tegen me, en die zin bleef bij me hangen. Hij kwam in me op toen striptekenares Gemma Correll, die ik met veel plezier volg op Instagram, geïnterviewd werd door *The New York Times*.

Zij vertelde dat ze pianospeelde en vaak oefende, maar ze was er niet goed in. En daar zat ze niet mee. Juist niet. 'Ik geloof dat alle freelancers een hobby moeten hebben waarin ze middelmatig goed zijn, waardoor ze er ook geen geld mee kunnen verdienen,' zei Correll in het stuk.

Want dat is het ding met freelancer zijn: elke minuut van je dag zou in principe een minuut kunnen zijn waarin je geld verdient. De grenzen tussen werk en privé zijn lichtelijk vervaagd of soms zelfs geheel weggevaagd, en je ziet in alles werk. Of geld. Of eigenlijk beide. Het is zelfs iets wat freelancers, en trouwens ook veel mensen in vaste dienst, graag zeggen: 'Ik heb van mijn hobby mijn werk gemaakt!' Vooral als je er een heel klein beetje goed in begint te worden, zoals mijn kantoorgenoot met haar punch needling. Dan kan het zomaar ineens werk worden.

Daarom vond ik de tip van Correll goed: begin aan iets waar je niet per se briljant in zult worden. Zoals pianospelen: daar worden maar weinig mensen briljant in, vooral wanneer ze er als volwassene pas aan beginnen. En dan heb je niet eens de káns om het in betaald werk om te zetten (en dus in stress, gedoe en drukte).

Met deze gedachte in mijn hoofd probeer ik mijn hobby's ook opnieuw te bezien. Omdat ik een nogal grillig mens ben, wissel ik ongeveer jaarlijks radicaal van hobby. Vorig jaar tekende ik veel en volgde ik ook een illustratiecursus, en daar sprak ik al meteen de wens uit dat ik een graphic novel zou gaan maken.

Dat was natuurlijk veel te hoog ingezet en ook jammer voor mezelf, want nu was het alweer een werkopdracht geworden, waarin ik bovendien niet slaagde, in plaats van een leuke cursus waar ik urenlang onbezorgd kon tekenen.

Deze regel geldt trouwens niet alleen voor freelancers. Hoeveel mensen in vaste dienst zijn er niet die al hun buitenwerkse activiteiten toch weer zien als een nuttige voortzetting van hun werk? Die in hun vrije tijd bijscholingen doen bijvoorbeeld. Of, andere variant op deze manier van denken, op zwemles gaan en dan meteen voor een triatlon beginnen te trainen. Ik zit nu op zwemles. Nieuwe hobby, ja. Ik bak heel weinig van de borstcrawl. Is prima. Ja, is juist goed.

Verlamd door mogelijkheden

Eerdergenoemde blogger Esther Walker, van voorheen The Spike, inspireert me altijd. Omdat ze erg eerlijk is over al de gebieden waarop ze faalt in het leven, nogal harde noten kraakt over het opvoeden van kinderen en ruiterlijk toegeeft dat ze een enorm zwak heeft voor kleren en spullen kopen. Ze is erg leuk, levendig en stijlvol – heus, ook dat. Maar ze is ook soms somber, kwaad, chagrijnig en kritisch, en dat schrijft ze eerlijk op.

Onlangs schreef ze een epistel – doet ze helaas niet zo vaak, want ze is geloof ik ook lui als blogger, gaf ze een tijdje geleden toe – over social media. Daar hebben zo veel mensen al hun plasje overheen gedaan, maar zij deed een interessant experiment. Walker had haar dagelijkse Instagramtijd op een limiet van een kwartier gezet. En daarna voelde ze zich beter. Echt objectief beter.

Walker had het niet over de inmiddels bekende Instagram-jaloezie die je kunt voelen als je ziet dat een ander een perfect ingericht huis heeft dat tien keer zo groot is als het jouwe. Ook ging voor haar niet op wat veel tienermeisjes meemaken: dat ze een verkeerd, negatief, beeld van hun eigen uiterlijk krijgen omdat ze zo veel gefotoshopte perfecte influencers de revue zien passeren.

Nee, zij kwam tot de volgende conclusie: 'Het is de blootstelling aan een eindeloze reeks verschillende mogelijkheden van dingen die je zou kunnen of moeten doen; die is zo verwarrend en uiteindelijk nogal verlammend.'

Ja, dát is het, dacht ik. Dat is het vervelende gevoel dat ik soms krijg van Instagram, misschien vaker dan ik zou willen toegeven. Het is niet dat ik iets wil hebben wat een ander heeft (want daar ben ik te oud voor), of dat ik wil zijn zoals een ander is (daar ben ik te verstandig voor), of eruit wil zien zoals anderen, maar dat ik zo veel mensen zo veel dingen zie doen die ik zelf dan ook zou moeten doen.

Het scrollen door een timeline suggereert, binnen een minuut, al dertig activiteiten die anderen op dat moment doen en jij niet: ze zijn bij een toneelstuk, zitten op een Waddeneiland, maken een wandeling, lachen met vrienden, illustreren zelf een boekje, vieren een gezellige verjaardag, maken courgettesoep, repareren een fietsband, behangen een muurtje.

Extra erg is dat je dan zelf per definitie niets aan het doen bent en op de bank zit. Je kunt niet instagrammen terwijl je een zeiltocht maakt of een strandwandeling. Dus jij ziet alle activiteiten van anderen voorbijkomen terwijl je zelf honderd procent zeker stilzit en naar je telefoon tuurt. En dat maakt het nog erger.

Want ik zie ook weleens iemand door het raam van een huis een feestje vieren terwijl ik zelf bijvoorbeeld door de stad wandel. Maar dat komt dan minder hard binnen, want ik ben zelf ook iets aan het doen. Erger is het als ik, eigenlijk al te moe maar te gaar om naar bed te gaan, op de bank door mijn tijdlijn scrol en dán iemand een feestje zie vieren. Dat is iets wat ik ook zou kunnen doen. En ik ben het niet aan het doen! Nee, ik zit suf te scrollen. Wat erg.

Daar komt bij dat je die mensen vaak ook nog kent. Conclusie: gewone, alledaagse mensen zoals jijzelf zijn spannende leuke dingen aan het doen op het moment dat jij duf zit te koekeloeren naar je telefoon.

Ik wil eigenlijk een tijdlijn met allemaal mensen die duf zitten te koekeloeren naar hun telefoon. Kan dat? Gaat vast nooit gebeuren. Tot die tijd zet ik de limiet van een kwartier erop, net als Esther Walker. Verwarrend en verlammend. Ze heeft gelijk.

Je kunt ook een slordige perfectionist zijn

Ik let er al een tijdje op, en nu scheep ik jou als lezer van dit stukje er ook mee op, maar het is ongelofelijk hoeveel mensen over zichzelf beweren dat ze een perfectionist zijn.

Bijna elk interview met een acteur, zanger, schrijver, theatermaker, cabaretier, kunstenaar, in elk blad en in elke krant, eindigt met de verzuchting: 'Ik ben een e-nor-me perfectionist.' Het is een trucje, heb ik geanalyseerd – maar misschien zie ik nu te veel het slechte in de mens –, om heel eerlijk een slechte eigenschap van jezelf te noemen die stiekem toch ook best positief is. 'Ooo, ik ben zo'n perfectionist!' kan een beroemde regisseur uitroepen. 'Ik drijf mijn cast tot het uiterste.' Tja, heel vervelend voor die cast, die vindt die regisseur vast een enorme zeikerd, maar ondertussen denkt de onbevangen lezer van dit interview toch ook: dan maakt-ie vast heel goeie films. Want hij wil dat ze perféct zijn!

Perfectionisme wordt, om nog even verder te zeuren, ook heel vaak als excuus aangedragen. Heeft iemand zijn werk niet op tijd af? 'Ja, sorry, maar ik ben ook zo'n perfectionist.' Zit je als huisschilder met een klant die voor de zevende keer vraagt of je haar muurtje wil oververven, nu alweer in een andere tint wit? 'Sorry, maar ik ben ook zó'n perfectionist!' zegt die klant dan.

Zeurpiet, eerder. Of luilak. Of uitsteller.

Daarom vond ik het zo verfrissend toen ik een tijdje geleden een groot interview in *Het Parool* las met actrice en zangeres Jelka van Houten (nogal een *lifechanging* interview, want ik noem het ook in het hoofdstuk 'Koop bloemen voor jezelf'). Zij zei over zichzelf: 'Ik ben een slordige perfectionist.' Ha! Daar kon ik wat mee. Haar toevoeging 'slordig' deed wat af aan het perfecte beeld dat perfectionisten ondanks alles van zichzelf proberen te schetsen. En het was ook zo lekker realistisch. Niemand is alleen maar een perfectionist. Veel meer mensen, vermoed ik, zijn een slordige perfectionist. Of een heel selectieve perfectionist. Of op zijn minst een parttimeperfectionist. Of een perfectionist, maar dan alleen op het gebied van spelling. Of de wc schoonmaken. Of het leggen van plinten.

Sterker nog, ik herkende mijzelf volledig in die zin. Ik ben ook weleens een perfectionist (als er een foutje in een column van mij blijft staan kunnen de haren mij te berge rijzen bij het teruglezen, en ja, ook ik ben zo iemand die nogal lang kan doormekkeren over de exacte tint beige verf waarin de gang geverfd dient te worden), maar tegelijkertijd loop ik ook best vaak de kantjes ervanaf, denk ik: ach, komt een andere keer wel, of: nou ja, het is maar verf.

De combinatie van perfectionisme en slordig stond me sowieso wel aan. Zouden we al onze goede (en daarmee soms irritante) karaktereigenschappen niet beter een beetje kunnen nuanceren door in één adem een zogenaamd slechte eigenschap te noemen?

Ik ben bijvoorbeeld ook een harde werker die best lui is. Een toegewijde moeder met een flinke portie ongeduld. Een flexibele planner (en daarbij zie ik flexibel zijn als iets goeds en plannen als iets irritants). Een onfitte hardloopfanaat. Een diepcynische yogabeoefenaar. Een snel overprikkeld gezelschapsmens.

In mijn naaste omgeving ken ik ook een sociale einzelgänger. Een in merkkleding gestoken sloeber. Een roddelende goedzak. Man, wat zijn we allemaal intrigerende wezens!

Je hoeft het er trouwens niet steeds zo nadrukkelijk bij te vermelden, hoor, als iemand bij een sollicitatiegesprek argeloos vraagt of je wel een teamplayer bent. 'Ja, ik ben een teamplayer die heel graag een kantoor voor zichzelf heeft! Grappig, hè?' Het is al heel handig als je het van jezelf weet.

Dat van die slordige perfectionist hou ik er in ieder geval in. Voor als ik weer eens de hele keuken fanatiek aan kant heb gebracht en totaal geen zin meer heb om de met tomatensaus bevlekte vloer nog te dweilen.

Poen, prestige en plezier

Het is alweer vijftien jaar geleden dat ik het *Handboek voor de moderne vrouw* schreef, samen met Machteld van Gelder, met wie ik tijdens het schrijven goed bevriend raakte.

Wat Machteld mij toen leerde, was het driemanschap 'poen, prestige en plezier' en aangezien ik die formule onlangs nog gebruikt heb om een werkprobleem op te lossen voor mezelf, deel ik hem hier ook graag.

Machtelds theorie was namelijk dat iedere klus, iedere baan en ieder ander werkevenement minstens twee van de drie woorden van de riedel 'poen, prestige en plezier' moest bevatten. Kon je met een klus geld verdienen en lol maken? Dan maakte het niet uit dat-ie verder niets zou betekenen voor je cv of status in de wereld: gewoon doen, want hij bevatte twee p's. Kreeg je een zware, vervelende klus op je bord waar echter een hoop prestige en geld aan vastzat? Doen, dan maar even geen lol: prestige en poen waren twee van de drie p's, dus genoeg.

Maar er geldt ook dat één p niet genoeg is. Een klus waarmee je een hele bom duiten verdient klinkt goed, maar als er geen greintje plezier te halen is en je er ook nog eens nul prestige mee vergaart, moet je het niet doen volgens de leer van Machteld. En ook volgens de leer van mijzelf inmiddels, want als wie dan ook mij een werkdilemma voorlegt, toets ik dat altijd aan de hand van de drie p's.

Het fijne is dat je dan plots een heel overzichtelijke beslisboom hebt waaraan je je werkkwestie kunt ophangen, en meteen weet of je ja of nee moet zeggen.

Laatst had ik zo'n klus die maar een van de drie p's zou opleveren. Hoewel ik al jaren leef volgens de regel dat er twee van de drie p's aanwezig moeten zijn, had ik de klus toch aangenomen. Maar het voelde allemaal niet lekker, niet goed. Mijn onbewuste had al door dat hier een p ontbrak, alleen ikzelf had het niet in de gaten.

Totdat Gijs me erop wees. Want hij is ook bevriend met Machteld, en hij heeft het *Handboek* natuurlijk gespeld indertijd (not). 'Ja, maar met dit werk krijg je ook alleen maar één p!' riep hij uit. O ja. Dáárom vond ik het geen fijne klus.

Het beste zijn natuurlijk de werkjes waarbij je alle drie de p's tegelijk kunt bemachtigen, en ook dat kan best vaak. En het geeft extra veel voldoening om vast te stellen dat je een werkgebeuren hebt gecreëerd waarbij je niet alleen de twee benodigde p's hebt, maar ook nog die derde extra p als bonus erbij.

Het werkt elke keer, ik garandeer het je, om zeker te weten of je een baan of klus moet aannemen.

Als je groot bent

Net zoals de meeste mensen die weleens een boek lezen, las ik een tijdje geleden *Becoming* van Michelle Obama. Ik verwachtte redelijk wat van haar en inderdaad: naast de nodige humor (als haar man vraagt of ze iets nieuws aanheeft, denkt ze altijd: waar hou jij je mee bezig? Ga de hongersnood oplossen!) staan er ook levenslessen in.

Michelle Obama heeft nou eenmaal veel meegemaakt. Veel meer dan ik wist, bijvoorbeeld: opgroeien in een arme wijk in Chicago, als ambitieus, Afrikaans-Amerikaans meisje met een permanent zieke en steeds zieker wordende vader. Zo'n jeugd alleen al, daar word je wijzer van, misschien nog wel wijzer dan van je ervaringen als first lady.

Ik vond het leuk aan Michelle (ik mag haar nu Michelle noemen) dat zij heel eerlijk schreef over haar carrièrepad, dat bepaald niet in een rechte lijn afdenderde op een helder omschreven einddoel. Zoals wel meer slimme kinderen met een arme achtergrond koos ze, toen ze op de topuniversiteit van haar dromen was terechtgekomen, voor het meest logische recept voor poen en prestige (maar misschien niet plezier): de advocatuur. Ze ging bij een indrukwekkende *law firm* werken, met haar eigen kantoor, hoge functie en belangrijke taken, maar ze was er niet gelukkig. Voor dit soort geklaag had haar moeder trouwens weinig tijd. Die was nog veel armer opgegroeid, zag het geklaag van haar dochter als een extreem groot luxeprobleem (wat het ergens ook was natuurlijk, maar toch) en zei: ga eerst maar al dat geld verdienen.

Gelukkig streek er in het chique advocatenkantoor op een dag een leuke stagiair neer die Michelle mocht begeleiden, met de gekke naam Barack Obama. En met die stagiair kreeg ze verkering. Hij maakte haar duidelijk dat je beter je droom kunt volgen dan je hele leven in een veilige baan in de advocatuur te gaan zitten als je dat beroep eigenlijk niet leuk vindt. Het was wel handig dat ze juist de uit *hope and dreams* opgetrokken figuur die Barack Obama is, tegen het lijf liep, maar ik vermoed dat ze op eigen houtje ook tot die conclusie was gekomen. Misschien iets minder snel, dat wel.

Maar de twijfel had al zwaar toegeslagen. Michelle schrijft: 'Ik vind het een van de meest nutteloze vragen die een volwassene aan een kind kan stellen: wat wil je worden als je groot bent?' Ze gaat er nog even op door: 'Alsof groot zijn een definitieve staat van zijn is. Alsof je op een gegeven moment iets bent, en dat het eind is.' Want na de advocatuur is Michelle nog wel een paar keer geswitcht van baan, van fulltime naar parttime en weer terug. En dan was er nog dat uitstapje naar het Witte Huis, waar ze haar eigen baan helemaal opnieuw moest uitvinden. Elke keer kwam het toch weer op zijn pootjes terecht.

Hierover lezen kwam op precies het goede moment in mijn leven. Ik zat net, zoals menig veertigplusmens, te denken over wat ik naast schrijven allemaal wilde doen. Maar wat dan en hoe dan en kon dat wel, want ik was toch columnist en moest ik dat niet voor eeuwig en altijd voltijds blijven doen? Nou, nee, hoefde niet. Niet van Michelle en Barack Obama althans, en zij zijn prima adviseurs, denk ik. Ik mocht er best wat geheel nieuws bij verzinnen van ze. Dus verzon ik een solovoorstelling, en die ben ik gaan spelen. In echte theaters. Trouwens, als mensen me in mijn kindertijd vroegen wat ik wilde worden, zei ik altijd ‘actrice’. Ergens komt het allemaal toch weer samen.

Beter druk zijn dan je druk maken

In de coronatijd (weet je nog?) hunkerden we naar wijsheid en zekerheid. Maar zoals demissionair premier Mark Rutte al in het begin van de opkomst van het coronavirus zei, en ook later nog vaker herhaalde: 'Met vijftig procent van de kennis moeten we honderd procent van de besluiten nemen.'

Ik heb vaak aan die quote gedacht. Als mensen om me heen zeurden dat Nederland het virus verkeerd bestreed, de onjuiste maatregelen nam, te veel ingreep of juist te weinig, dan zei ik dat: 'Vijftig procent van de informatie.' Het is niet veel, en bovendien leek de informatie over dat mysterieuze virus nog eens elke dag te veranderen.

Maar met een probleem zaten we wel. Het was niet prettig om een bizarre pandemie over je uitgestort te krijgen en niet te weten hoe je wereld er over een tijdje uitziet, en maar te moeten hopen dat de leiders van alle landen het een beetje handig aanpakken met hun beperkte informatie; redenen genoeg om eens flink te gaan piekeren en je bovenmatig, of juist geheel terecht, zorgen te maken.

Zorgen maken, het was al een beetje mijn hobby, en toen had ik er ineens ook heel veel reden toe. Ik merkte in de quarantainetijd dat mijn zorgen vooral op rustige momenten opkwamen; 's avonds, als het thuisscholen erop zat, en mijn werk ook, en ik op de bank zat en dacht: en hoe nu verder dan?

En toen las ik, in de vloedgolf aan advies die er ook op ons uitgestort werd over hoe we het leven tijdens corona zo goed mogelijk zouden moeten leiden, een citaat van, *of all people*, Angela Lansbury, de actrice, inmiddels overleden. Zij was in mijn jeugd een tv-held van me vanwege de heerlijke en extreem langlopende detectiveserie *Murder She Wrote*, waarin zij de hoofdrol speelde. Dit was de tijd dat mensen (ik, piepjong) nog de aandachtsspanne hadden om uit te kijken naar uitgesponnen whodunits over een schrijfster op leeftijd die moordzaken onderzocht.

Maar die Angela Lansbury bleek ook nog verstrekker van wijze quotes die in coronatijden goed van pas kwamen, want zij bleek ooit gezegd te hebben: '*Better to be busy than to be busy worrying*', 'Beter druk zijn dan je druk maken'.

En natuurlijk wist ik dat al, natuurlijk voelde ik dat al. En was het ook niet zo dat die zorgen altijd de kop opstaken als ik niksend op de bank zat of 's nachts in bed lag, overgeleverd aan lichte paniek en gemaal?

Ik besloot haar advies nog wat letterlijker op te vatten. Ik had heus genoeg om me mee bezig te houden; thuisonderwijs geven en deadlines halen (en af en toe een frisse wandeling) waren tot dan toe een prima dagbesteding. Maar nu, bedacht ik, zou ik me ook gaan bezighouden met een activiteit die echt effect had op alle zaken waar ik me zorgen om maakte, en dan heel specifiek: de armoede die het gevolg was van deze crisis onder mensen in mijn stadsbuurt.

Zo geschiedde dat ik me aanmeldde bij een paar mensen die op woensdag maaltijden kookten voor de groeiende groep minder welvarende, oude of zieke mensen uit de buurt en die maaltijden aan huis bezorgden. Hakken, snijden, koken, het eten in bakjes doen en door de buurt fietsen om bakjes te bezorgen. *Busy*, dat was ik op die momenten.

En natuurlijk, soms heus nog bezig met me zorgen maken. Maar als ik op mijn fiets zat, met de bakjes vol heerlijk eten in mijn fietstas, dan was ik bezig met alleen maar bezig zijn – en dan ook nog eens bezig met het op zeer kleine schaal oplossen van de problemen waar ik me zorgen om maakte.

Hou op met willen dat dingen makkelijk zijn

Het is een streng zinnetje. Maar hoe het mij geholpen heeft! Echt waar.

Hier gaat-ie. Van de zomer kocht ik een boek getiteld *Run, Fat Bitch, Run.* Nu zou je die titel om velerlei redenen onaardig kunnen vinden, en dat is-ie ook, maar ik had een interview met de schrijfster, een Britse journaliste genaamd Ruth Field, gehoord, en hoorde daarin dat de titel voornamelijk grappig bedoeld was. Deels grappig, zeg ik erbij, want Field is wel degelijk streng tegen de vrouwen (en mannen) die ze aan het hardlopen probeert te krijgen.

Ze noemt zichzelf dan ook The Grit Doctor, en *grit*, dat is kracht, doorzettingsvermogen, hardheid. Zij is de dokter die je dat allemaal bijbrengt.

De voornaamste reden dat mensen niet willen gaan hardlopen of sporten of een heleboel andere dingen die ze niet willen doen, schreef The Grit Doctor in haar boek, was: 'Ik vind het niet leuk.' Of: 'Ik vind het zwaar.'

Klopt. Dat zeg ik ook bij een heleboel dingen die ik niet wil doen. Ik vind het niet leuk. Daarom doe ik het niet. Maar, en nu komt de doorbraak die hierover tot mij kwam van The Grit Doctor: 'Hou op met willen dat dingen makkelijk zijn.' En ze ging nog verder: 'Als je eenmaal accepteert – en ik bedoel écht accepteert – dat het leven niet makkelijk is, wordt het een stuk behapbaarder, want je houdt op om je te verzetten tegen het harde werken dat je moet doen.'

Het gekke is, ik dacht dat ik allang had geaccepteerd dat het leven niet altijd makkelijk was, maar stiekem verzette ik me toch wel erg vaak tegen onderdelen van het leven die niet fijn waren.

Op zondag werken, bijvoorbeeld. Vind ik toch altijd een onredelijke eis die er aan me gesteld wordt, een aanslag op mijn weekend, dus voel ik altijd enig verzet als ik dat moet doen. Hetzelfde geldt voor 's avonds werken. Stofzuigen. Vroeg opstaan. De afwasmachine uitruimen. De was opvouwen. Fietsen door de regen. Hardlopen. Hardlopen door de regen. Saaie administratieve werkzaamheden doen. Alles met belastingaanslagen en papieren en brieven die kwijt zijn.

Al deze taken hebben verschillende negatieve eigenschappen: ze zijn zwaar, saai, frustrerend of vervelend, of allemaal tegelijk. Maar wat ze gemeen hebben, is dat ik er altijd weerstand tegen voelde. Dan zag ik die dampende kattenbak staan op het balkon en alles in me zei: neeee, die wil ik niet verschonen. Of dan wist ik dat ik al een week niet gesport had, en sporten is nu eenmaal goed voor mijn lichaam en geest, maar alles in mij zei nee tegen van de bank af komen en *Expeditie Robinson* even laten voor wat het was.

Maar vanaf nu ging ik naar The Grit Doctor luisteren. Ik ging accepteren dat niet alles makkelijk was, of leuk, of licht, of vermakelijk, of me precies goed uitkwam.

De volgende ochtend ging ik rennen. Het regende. Echt keihard. Maar ik ging me niet verzetten. Ik deed mijn gympen aan – duurt een minuut, zegt The Grit Doctor erbij – en rende door de buurt, met al na vijf minuten soppende schoenen van de regen. Een buurman van om de hoek maakte op straat een buiging voor me omdat ik door die hoosbui rende.

Het was niet leuk, dat rennen. Maar dat hoefde het ook niet te zijn. Ik moest het gewoon even doen.

En na een half uur was het weer klaar, en kon ik onder de heerlijke warme douche.

Vul je longen met geluk

Laatst vroeg mijn zoon Benjamin me: 'Wat is de mooiste plek waar je ooit bent geweest?'

Een vraag met -ste erin is altijd lastig te beantwoorden, leerde ik ooit tijdens een interviewtraining. Mensen die gevraagd worden naar het mooiste, het beste, het leukste, raken een beetje in paniek. Nu moeten ze uit al hun ervaringen kiezen, en dan ook nog een rangorde maken, en een nummer één kiezen, en dat kunnen ze vaak niet.

Mij schoten verschillende plekken te binnen, maar de twee die me het helderst bij waren gebleven waren het rotsige strand met een rand van pijnbomen op Corsica en de hoge berg in de Apennijnen in Italië die we ooit met de kinderen beklommen, om bovenaan, in een pittoreske berghut, het lekkerste bord spaghetti van de wereld te eten.

Twee plekken in de natuur dus, terwijl ik altijd zeg dat ik een stadsmens ben. Ik vind de stad ook echt heel mooi; het blauwige winterlicht in Amsterdam, de glitterende skyline van New York in de avond.

De natuur heeft een ander type betoverende uitwerking op me, en ik wilde aan Ben uitleggen hoe dat zat, maar ik kon het zelf eigenlijk niet onder woorden brengen. Totdat ik een paar dagen later toevallig een quote van Sylvia Plath tegenkwam: 'Ik voelde mijn longen zich vullen met het landschap dat op me afraasde – lucht, bergen, bomen, mensen. Ik dacht: dit is geluk.'

Dat van die longen, dat vond ik ineens een belangrijke toevoeging. Een stad kan heel prettig zijn om naar te kijken, maar de natuur is ook zo prettig om in te ademen. Daar had ik eigenlijk nooit over nagedacht. Dat je tijdens het rondkijken in de natuur ook zo veel ademt (rustiger en dieper dan normaal, vanwege je lekker regelmatige wandeltred) en dat je boven op de esthetische ervaring ook die heerlijke frisse lucht binnenkrijgt. En, bedacht ik er zelf nog bij, ook nog die lekkere geuren. De geur van bomen, de geur van de zee, de geur van strand, ja, zelfs de geur van verse koeienpoep als je langs een Nederlands weiland loopt te pieterpadden in de regen. De geur van regen, trouwens, ook dat!

Dus 'de mooiste plek' hangt helemaal niet alleen samen met mooi, het hangt ook samen met wat er in je longen en je neus terechtgekomen is toen je je daar aan het beeld stond te verlustigen.

In de coronatijd viel er ook een hoop op zijn plek van mijn grotere hunkering naar natuur. En vele anderen hadden dat ook. Tuurlijk, we konden vaak niet naar de bioscoop of het café, en daarom liepen we meer en fanatieker door het bos. Maar het had op een onbewust niveau vast ook te maken met het feit dat we alsmaar aan een akelig virus liepen te denken dat we in de bossen of op stranden of een Waddeneiland onze longen steeds weer even met frisheid vulden. Dat moet meegespeeld hebben.

Ik ga dit in gedachte houden als ik weer intens van de natuur loop te genieten op een van de vele wandelingen die ik dit jaar opnieuw zal maken – vaak in het park om de hoek trouwens. Dat het landschap mijn longen vult, en dat dat prettig is.

Beloon jezelf soms met kleren

In het leven kom je op een punt dat je weet wie je om advies moet vragen en wie niet. Je weet: die moet ik hebben voor kledingadvies, die voor het interieur en verfkleurkwesties en die ander voor algehele ingewikkelde levensvragen (vooral die mensen zijn belangrijk uiteraard).

Sophie Fontanel, modejournaliste, grijshaaricoon, influencer op Instagram en algeheel stijlvolle en leuke Française, gebruik ik altijd voor stijladvies. Niet dat ik haar kan bellen. En niet dat ik de selfies die zij neemt voor haar spiegel in haar prachtige Parijse slaapkamer nou klakkeloos kopieer, want het is een en al *grandes* designers wat ze draagt. Maar ik kijk graag naar haar foto's, berichten en story's voor ideeën over roklengte, badpakdracht en sandaaletiquette.

Fontanel, wat een naam, schrijft bij die berichten ook leuke tekstjes in het Frans, die ik altijd door de vertaalfunctie trek, maar ze zijn zo poëtisch dat ik ze dan vaak nog steeds amper begrijp. Maar dit keer begreep ik een zinnetje wel en ik vond het eerlijk, en ook verlichtend.

Fontanel schreef hoe ze die week een kwartiertje overhad, een vintagewinkel (vol grandes designers, uiteraard) binnenliep en in dat kwartier een prachtige knalroze lange rok van Jil Sander kocht. Dit na een jaar keihard werken en 's avonds aan haar roman schrijven, meldde ze erbij. 'Ik beloon mezelf altijd met kleren,' schreef ze.

In deze tijd van kledingkoopschaamte, iets waar Fontanel zich ongetwijfeld ook van bewust is, is dat nogal een bewering, maar tegelijkertijd is het ook een opluchting om te lezen dat iemand dit doet, het erkent en zelfs omarmt. In een vintagewinkel, dus duurzamer.

Jezelf belonen: zo veel is er niet mis mee. Zolang het niet elke keer gebeurt door middel van het leegklokken van een fles wodka of het vergokken van duizenden euro's. Maar inderdaad, als je een jaar non-stop hebt gewerkt, voor jezelf hebt gezorgd, corona hebt overleefd (ik weet echt alles van die vrouw!) en dan in een vrij kwartiertje net even die ene mooie knalroze tweedehands rok aantreft: waarom zou je jezelf dan niet belonen met kleren?

Ik ging het na bij mezelf en concludeerde dat ook ik mezelf vaak beloon met kleren. En met koffie verkeerd. Allebei prima, vooral sinds ik steeds meer de vintageweg bewandel (in het geval van de kleren, niet van de koffie) en me zelden meer schuldig maak aan gedachteloos fast fashion in een grote tas kieperen.

Ja, ik beloon mezelf met kleren. Soms. Net als Sophie Fontanel. Je kunt die zin ook anders formuleren, het is een invuloefening. Ik beloon mezelf met Netflix, ik beloon mezelf met verse kamerplanten, ik beloon mezelf met een kokosmakroon van de lekkerste bakker die ik ken.

En nu ik die zin zo zwart-op-wit heb gelezen en zelf hier heb opgeschreven, is het ook echt iets geworden. Een gewoonte, een vorm van (even dat vreselijke woord weer, sorry) 'selfcare'.

En kan ik er misschien nog meer van genieten. Hier is niet alleen een nieuwe, bruin met wit gestreepte linnen vintagejurk, hier is je beloning voor wekenlang deadlines halen, voor het gezin zorgen en af en toe een nieuw recept zonder vlees uitproberen.

Bedankt, mezelf!

Het leven is een landkaart

Er zijn van die mensen die je een beetje denkt te kennen, al volg je ze alleen via Instagram. Een van die mensen is de tekenares en schrijfster Mari Andrew – ik twijfel tijdens het schrijven of ze Spaans is, of Amerikaans, of Engels, zo slecht ken ik haar. (Checken levert op dat ze Amerikaanse is.) Maar haar zielenroerselen deelt ze allemaal via Insta, dus ik weet toch vrij veel van haar.

Een tijdje geleden plaatste Andrew een bericht – ze schrijft haar berichten vaak met de hand en maakt er dan een foto van, als een soort brief – over van die verwarrende periodes in je leven dat je *neither here nor there* bent, zoals de Engelsen dat zo mooi zeggen. Er zijn tegenslagen, of alles staat ineens een tijd stil, of je lijkt een heel andere kant op te lopen dan het pad dat je dacht te gaan bewandelen. En dat kan raar voelen. Of zelfs naar. Of naar en raar.

Andrew heeft dat zelf ook regelmatig meegemaakt: ze was ziek, ze had hartenpijn. Volgens mij is ze ook nog een paar keer stevig verhuisd, of misschien heb ik dat er zelf bij bedacht. Ik weet in ieder geval zeker dat ze liefdesverdriet had, want daar waren de nodige posts aan gewijd.

Maar goed, Mari Andrew vergeleek het pad in je leven juist niet met een pad, maar met een landkaart. 'In plaats van een rechtlijnig pad met levels die je moet halen, als een soort Super

Mario Bros., zou je je leven moeten zien als een grote landkaart die je uitspreidt op een ouderwets bureau,' opperde ze.

Ze vervolgde haar metafoor met het beeld dat je je handen over de kaart heen liet gaan, en nadacht over alle plekken waar je was geweest en wat je er gedaan had – daar een vriend ontmoet, daar een relatie gehad. Dus niet denken: ik ben op level 5, en mijn vrienden zitten al op level 10, benadrukte Andrew, maar eerder iets denken als: ik zit nu in Nieuw-Zeeland, en een vriend zit op Antarctica, en weer een andere zit in Nederland.

Er blijkt ook een wetenschappelijke theorie verbonden te zijn aan dit type denken, en dat is de *arrival fallacy*, die Andrew beschreven had gezien bij de schrijver Rainesford Stauffer in haar boek *An Ordinary Age*. De arrival fallacy – de denkfout dat een bepaald doel behalen je gelukkig gaat maken – zorgt voor de manier van denken die ervan uitgaat dat je een weg bewandelt met een uiteindelijk doel en dat dat doel zaligmakend is. Terwijl iedereen in het leven waarschijnlijk veel meer geneigd is om te meanderen van land naar land op die denkbeeldige kaart.

Ja, dat riekt een beetje naar het oude cliché 'Het gaat om de reis, niet om de bestemming'. Maar het is origineler en ook echt wel anders, want er is met deze manier van denken helemaal geen bestemming. En misschien zelfs wel geen reis! Want een reis klinkt ook al te veel als een lineair pad. Er is gewoon een grote uitgevouwen wereldkaart, met bergen en oceanen en soms een diep dal, en de ene keer zit je hier, de andere keer daar.

Ik geloof dat ik nu zelf op een middelgrote Apennijn in Italië zit, en nog niet precies weet of ik het bos in zal lopen of leuk naar de kale top zal klimmen. En dat vind ik prima.

Schrijven op een nederige plek

En de wijsheid komt deze keer van Snoopy. Dat had ik niet verwacht, want hoewel ik Snoopy esthetisch gezien geweldig vind – ik zou nooit iets weigeren waar Snoopy of een van zijn kornuiten op stond, of het nou een beker, een shirt of een trui is – weet ik eigenlijk vrij weinig van Snoopy en zijn denkwereld af. Nu kwam Snoopy tot mij via een bundel essays van Ann Patchett. De bundel heet *These Precious Days* en gaat over van alles, van breien tot de dood tot vriendschap tot, welnu, Snoopy.

Patchett, een beroemde Amerikaanse schrijfster, omschrijft zichzelf als kind als een introvert meisje dat – leuk om dat toe te geven als schrijver – niet erg snel las. Tijdens een verblijf bij haar grootouders in het plaatsje Paradise ontdekte ze de strips van Snoopy en die verslond ze allemaal. In haar essay *To the Doghouse* omschrijft ze op welke manieren de beagle haar verstandiger heeft gemaakt.

Ze denkt elke keer aan een bepaalde uitspraak van Snoopy als er iets niet lukt in haar leven – een bestseller schrijven of een bepaalde prestigieuze plek in een schrijvershuis bemachtigen om te kunnen werken. In een van de strips vertelt Snoopy aan Woodstock, dat kleine gele vogeltje: 'Ik denk dat het een illusie is dat een schrijver een indrukwekkende werkkamer nodig heeft. Een schrijver heeft geen plek in de bergen nodig, of aan zee. Sommige van onze beste boeken zijn geschreven op hele nederige plekken.' Vervolgens keert Woodstock terug naar zijn nest om te schrijven, en Ann Patchett, die geen plek kreeg in de MacDowell Colony, keerde terug naar haar keukentafel en schreef daar een boek.

Ik vond het ook een goeie. Niet alleen schrijvers, maar ook mensen met allerlei andere beroepen denken vaak dat ze de meest ingewikkelde, prachtige, dure, bizar uitgeruste plekken nodig hebben om echt hun beste arbeid te verrichten. Voor sommige mensen – astronauten – geldt dat ook wel, maar voor vele – schrijvers en anderen – geldt dat helemaal niet. Het gaat erom wat er allemaal in je hoofd zit, en dat kun je niet afdwingen met een prachtig bureau of *the corner office* of een speciaal daarvoor gehuurde hut in de bossen.

Het deed me denken aan het boek *Over leven en schrijven* van Stephen King. Hij beschrijft daarin hoe hij in zijn jaren als krankzinnig goed verkopende schrijver een immens bureau kocht van een of andere dure houtsoort, en daar, al alcohol en drugs innemend, de ene na de andere vuistdikke bestseller eruit ramde, steeds ongezonder, verslaafder en depressiever. Toen kreeg hij een ernstig auto-ongeluk, kon niet meer traplopen en zette zich aan een nederig tafeltje vlak bij de keuken, zodat hij dicht bij het eten en zijn vrouw was. Aan dat kleine tafeltje schreef hij net zulke goede boeken.

Ook mijn tekenjuf zei altijd iets in deze trant. Zo liet ze ons een hele les tekenen met alleen een simpele blauwe Bic-pen, want hoe graag beginnende tekenaars ook de halve kunstartikelenwinkel leegkopen, uiteindelijk is één zo'n pen alles wat je nodig hebt. Daar is Snoopy het ongetwijfeld heel erg mee eens.

Wie niet kiest, krijgt een leven van twijfel

Een heel nieuw genre van podcasts dat ik ontdekt heb, is dat van het levensverhaal met een audiolandschap eronder. Een soort hoorspel, maar dat klinkt te veel naar de ouderwetse vorm, met voetstappen die door middel van een grindbak worden nagebootst, of galopperende paarden die worden verbeeld door twee halve kokosnoten tegen elkaar te kloppen.

Nee, *Appearances*, het persoonlijke verhaal van film- en podcastmaker Sharon Mashihi, is iets anders dan dat, iets moderners, iets nieuws, met ambientmuziek en vreemde stemmen en door elkaar lopende fictie en non-fictie. Sharon, een vrouw van in de dertig, vertelt erin over haar eigen kinderwens en de lastige weg om tot een kind te komen; als dochter van een conservatieve Iraans-Amerikaanse familie wordt ze geacht te trouwen en zich daarna voort te planten, maar zij zit in een relatie met een vijftigjarige kunstenaar met bindingsangst. Daar komt nog bij dat ze zelf ook niet echt bindingsdrift heeft. Of wel, maar met de verkeerde mannen.

Lang (en intrigerend en spannend) verhaal kort: op een gegeven moment praat Sharon met Feriba, haar oude Iraans-Amerikaanse buurvrouw die zich met iedereen in de straat bemoeit. Sharon legt haar dilemma's over kinderen krijgen voor, en Feriba zegt tegen haar: 'Je kunt de ene keuze maken, en dan krijg je dat leven. Je kunt de andere keuze maken, en dan krijg je een ander leven. Maar als je niet kiest en blijft twijfelen, krijg je alleen maar een leven van twijfel.'

Dit is wijsheid van het type 'eigenlijk wist ik het al, maar iemand moest het eens even heel duidelijk zeggen'. Zelf heb ik ook vaak last van keuzestress, de ziekte van de welvarende moderne mens, en ook een probleem van mensen in het algemeen. Want: hoe moet je je leven leven? Wat is het beste voor jou en de wereld om je heen? Hoe doe je goed? Hoe doe je kwaad? Hoe voorkom je dat je iets verkeerd doet? En hoe voorkom je dat je niets meer doet uit angst om iets verkeerd te doen?

Over dat laatste heeft Feriba, die buurvrouw, het natuurlijk; de verlamming die voortkomt uit de angst om de verkeerde beslissing te nemen – en die verlamming leidt tot niets doen en niet verder komen.

Dan maar liever een keuze maken en op je bek gaan, al is dat in het geval van een wiebelende kinderwens wel erg lastig. Een kind krijgen en vervolgens op je bek gaan is niet echt een optie: het is een taak die je sowieso goed moet volbrengen. Je kunt niet zeggen: 'Oeps, dit is even mislukt, ik bleek het toch niet te kunnen.'

Maar Feriba's drie zinnen over de keuze voor het ene leven of het andere, of voor de eeuwige twijfel, zijn op een heleboel beslissingen wel degelijk van toepassing. Want een leven van twijfel, dat wil volgens mij niemand.

Ik heb een vriendin die een feilloos gevoel voor stijl heeft. Haar huis is een oase van mooiheid (en kindertroep, zowaar, maar leuke kindertroep), ze heeft altijd prachtige kleren aan zonder dat ze iemand is die achter de trendmeute aanhobbelt, en zelfs een pompoensalade kan ze zo op een bord knallen dat je er meteen een foto van wilt maken. Mensen vragen haar om de plattegrond van haar keuken, inclusief de namen en rugnummers van de verfkleuren. Zo iemand.

Met deze vriendin raakte ik verzeild in een fijne bloemenstal aan de Nederlandse kust, zo'n stal waar ze de bloemen vers van de velden verkopen; die stal wist zij natuurlijk ook weer te vinden, en ze wist er ook bij te vermelden dat bloemen uit die stal veel langer goed blijven dan die uit de gemiddelde bloemenwinkel in de stad.

We liepen wat rond te kijken, want ze hadden er erg veel, en mijn oog viel meteen op een knallend gemengd boeket. Welke bloemen erin zaten, kan ik je niet navertellen, maar het was een veldbloemachtige bos (ja, de kenner spreekt hier) en hij zag er heerlijk uit. Maar toen zag ik mijn vriendin bezig. Die kocht een klein bosje van dit, pakte nog een bos van dat, en dit en dat ging ze thuis dan weer mengen, vertelde ze, en voor ik het wist, staarde ik haar na als de influencer die ze is en raakte ik helemaal in vertwijfeling over welke bloemen ik zélf nou moest kiezen. Er was te veel, en hier was bovendien iemand bezig die precies wist wat ze wilde, en die ik misschien moest na-apen.

'Altijd je eerste gevoel volgen,' zei ze toen streng tegen me en ze wees op het veldboeket dat ik meteen aan het begin al had omarmd.

Ik deed wat ze zei. De bos stond nog zeker tien dagen en ik genoot ervan.

En nu probeer ik dat vaker te doen. Twijfel en Keuzestress zijn mijn *middle names*, en waarom eigenlijk? Ik weet juist vaak goed wat ik wil, in eerste instantie, maar dan laat ik het raampje open voor de tweede en de derde instantie om naar binnen te vliegen, en ga ik enorm lopen twijfelen en weifelen. Zal wel onzekerheid zijn of, positiever gesteld, een flexibele geest; het is vooral heel irritant.

Als ik een menukaart opensla in een restaurant, weet ik wel wat ik wil. Dat zie ik meteen. Maar dan ga ik denken: dat nam ik vorige keer ook, en moet ik iets anders kiezen. Hoezo eigenlijk? Ik ga gewoon weer voor de visjes met mierikswortel! Wie doet me wat?

Deze week liep ik een Italiaanse winkel binnen, zag een prachtige zeeblauw en wit gestreepte trui, en zei tegen mijn dochter: 'Nog even de rest van de winkel bekijken. Of... Nee.' Waarom zou ik? De trui was mooi, paste me en er zat ook nog eens dertig procent korting op, dus hop. Keuze gemaakt. Goeie keuze. Ik heb de trui nu aan.

Bij de B blijven hangen

Interieurs bekijken: ik ben er verslaafd aan, maar soms denk ik dat dat schadelijk is. In bladen, op internet, op sites als Apartment Therapy – de make-overs, de zelfgetimmerde stapelbedden, de boekenzolders met rustieke balken en sfeerverlichting: het is heerlijk om naar te kijken, maar je wordt er ook wel een beetje onrustig van. Dat je gaat denken: moet ík niet een boekenzolder met sfeerverlichting?

Daarom was ik opgelucht toen ik op het eerdergenoemde blog Cup of Jo (waarop ook vaak veel te mooie interieurs van hippe New Yorkers staan) een redelijk realistisch appartement tegenkwam. Het was van een stel met een klein kind in Wellington, Nieuw-Zeeland, en wat mij al meteen geruststelde, was dat zich naast hun voordeur het onaantrekkelijke maar noodzakelijke agglomeraat van jassen, tassen en fietshelmpjes bevond dat wij thuis ook hebben. Bij al die andere interieurmensen is de ingang altijd: twee beige jassen die nonchalant bungelen aan een ruwhouten kapstok. En verder niks.

Ook leuk: boven op de keukenkastjes van dit gezin stond een hoop troep, net als bij ons – niks geen halflege houten planken met precies het goede witte porseleinen servies erop. En: ze hadden een muur bij de keuken beschilderd met schoolbordverf (vaste prik in interieurproducties) en daar de letter B en een grote bij op getekend. Dat is op zich natuurlijk jaloersmakend, vooral als je het idee erachter las.

De vrouw des huizes vertelde dat ze van plan waren om om de zoveel tijd een nieuwe letter met bijpassende tekening op het bord te zetten, zodat hun zoontje het alfabet kon leren. Maar ze waren bij de B blijven steken en ze zei: 'We zullen nog wel een tijdje bij de B blijven.' Dat vond ik zo'n goeie. 'We zullen nog wel een tijdje bij de B blijven.' Je begint vol goede moed aan een project – het alfabet, een duidelijker project kan het niet worden: je moet van A naar Z – en je blijft hangen bij... de B. De tweede letter. Dat is een ding, maar het is nog een ding om dat te omarmen. Of te accepteren, in ieder geval.

We zullen nog wel een tijdje bij de B blijven: zo is het vaak in het leven. We verwachten, tegen beter weten in, dat we altijd zullen doordenderen van A naar B naar C en zo in een rechte lijn naar Z, maar zo is het natuurlijk niet in elk leven. Zo is het zelfs maar in een enkel leven. Een van de volgers van Cup of Jo had ook bij de commentaren geschreven: 'Ik ben op een hoop gebieden nu al een tijdje bij de B blijven hangen. Ik ga deze zin onthouden – heel handig!'

Een liefdesrelatie ontwikkelt zich met horten en stoten, een carrière lijkt soms op een lange hindernisbaan: soms moet je dertig stappen terug of, zoals bij Monopoly, weer helemaal bij Start beginnen. En soms blijf je heel lang hangen bij de B, om langzaam door te kruipen naar de C. Of kun je juist in één keer meteen doorknallen naar de Z (omdat je zoon de rest van de letters inmiddels allang op school heeft geleerd).

Het deed me denken aan mensen die ik ken die hun keuken aan het verbouwen waren. Dat schoot niet op en jarenlang stond er in potlood een bouwplan van de timmerman op de zijkant van hun keukenkast. Die mensen besloten dat tot een stijlstatement te verheffen: lekker urban, die timmermanstekening op de zijkant van de kast. En het had ook wel wat. Die B op dat schoolbord was ook een tastbaar, zeer aanwezig bewijs van een plan dat ergens was gestagneerd, maar je zag er de welwillendheid, de hele plannerigheid en goeiigheid nog zo mooi in.

En ach, dan staat er tien jaar een krijttekening van een B met een bij op je keukenmuur. Is dat nou erg?

Ordelijk je dromen najagen

Ik word af en toe een beetje moe van mensen die zeggen dat je je dromen moet volgen. Natuurlijk moet je je dromen volgen. Doe. Doe gerust. Maar het is niet gezegd dat ze uitkomen. En je kunt daarbij ook niet de hele dag achter je dromen aan lopen. Je moet ook af en toe boodschappen doen (niet ieders droom) en het vuilnis buitenzetten (ook van weinigen de droom). Soms zit je door onveranderbare omstandigheden een tijd vast in een stomme baan, een vervelende relatie, het verkeerde land, een niet-gewenste woonplaats, en komen de dromen helemaal niet uit. En dan moet je een andere droom verzinnen. Soms zit de realiteit hardnekkig in de weg van gedroomde vooruitzichten.

Daarom leefde ik op toen een van mijn nieuwste goeroes, Pandora Sykes, een Britse journaliste die over alles op het gebied van lifestyle schrijft en me daarmee altijd een paar (of, nou ja, een stuk of honderd) passen vooruit is, in haar podcast als levensadvies gaf: '*Follow your dreams, but in an orderly fashion.*' Volg je dromen, maar op een ordelijke manier.

Daar kan een dromenjager al een stuk meer mee. In plaats van een oud pand in Frankrijk te kopen, daar een bed and breakfast in te willen beginnen, het pand eigenhandig te willen verbouwen, er tevens workshops te willen geven alsmede zelf omgebouwde pipowagens aan te bieden en onderwijl etsen van uilen af te drukken voor in je gedroomde eigen winkeltje (dit is letterlijk de gedroomde toekomst van een vrouw die ik onlangs in het programma *Ik vertrek* zag), is het misschien praktischer om eens te beginnen met die verbouwing. En die verbouwing goed te financieren. En er niet een half jaar, maar anderhalf jaar voor uit te trekken. En te rekenen op tegenslagen, zoals lekkage. En ervan uit te gaan dat je die uilenprints pas na dit alles heel misschien ooit kan gaan maken.

Natuurlijk, het woord 'lekkage' komt in weinig droomscenario's voor, maar als je je dromen *in an orderly fashion* volgt, betekent dat eigenlijk dat je realistisch denkt, dat je vooruitdenkt, en in stappen, en dat je ook rekening houdt met de saaiere stappen en de B-scenario's. En met lekkages. En dan kan 1. je droom misschien ontspannener uitkomen en valt het 2. niet zo tegen als het dak blijkt te lekken.

Pandora Sykes is zelf het schoolvoorbeeld van iemand die haar dromen volgde op een ordelijke manier; in plaats van zich op haar twintigste meteen ten doel te stellen om bij *Vogue* te werken – ze is nogal van de mode en haar halve familie werkte daar al – ging ze eerst allerlei onglamoureuze stages doen bij bladen en werkte ze zich voor weinig geld helemaal suf in de bladenwereld, om nu, rond haar dertigste, aangeland te zijn op het punt dat ze voor de leukste kranten en bladen kan freelancen, een eigen podcast heeft, voor grote modeketens stylingklussen doet en, volgens mij, uit een berg werk kan kiezen.

Ze wist op haar twintigste niet eens wat een podcast was trouwens. Bestond nog niet. Maar dat is het leuke aan rustig, zonder haast of te veel druk je droom najagen: dat er per ongeluk ook andere dromen op je pad kunnen komen.

Een plek waar jouw zogenaamde zelf niet bestaat

Het ontdekken van een schrijver die tot je spreekt alsof je hem of haar al je hele leven kent, kan voelen alsof je een nieuwe vriendschap sluit. Dit had ik met Sloane Crosley, een schrijfster die in Amerika al hartstikke bekend en bestsellend bleek te zijn, maar die ik pas ontdekte toen een goeie vriendin die veel van literatuur weet mij haar nieuwste boek cadeau gaf. *Look Alive Out There* heet het, en het is een essaybundel of verhalenbundel of, nou ja, het zijn verhalen die essays ergens halverwege ontmoeten. En het is geweldig, slim en vooral heel grappig, en ook diepgaand.

Ze bestrijkt allerlei onderwerpen, van het beklimmen van een moeilijk te bedwingen besneeuwde vulkaan en irritante buren tot het invriezen van eitjes. Ja, ze is nogal breed geïnteresseerd. En ze kan eigenlijk over alles heel goed schrijven. Ik las diverse zinnen in het boek die ik fotografeerde (mijn versie van highlighten als ik geen gele stift bij de hand heb) en een van die zinnen was: 'Soms is het makkelijker om je echte zelf te zijn op een plek waar niets van jouw zogenaamde zelf al bestaat.' Wow. Die kwam binnen. Alsof Sloane me kende en mijn leven ook in de gaten had gehouden.

Deze waarheid vertel ik namelijk vaak aan mensen, maar minder puntig verwoord: het was alsof ze pas echt klopte nu ik die bij haar las.

Als je op reis gaat of gaat verhuizen of emigreren, is het grote voordeel dat je je nieuwe zelf kunt zijn. Of je eigenlijke zelf. In ieder geval niet de zelf die anderen altijd in je zagen. Want niemand kent je op die nieuwe plek. Niemand ziet jou als 'het meisje dat altijd bang is bij gym', 'de collega die altijd alle rottaakjes op zich neemt', 'de vrouw die een beetje verlegen overkomt'. Niemand denkt jou en delen van jou al te kennen, want jij, en al die delen van jou, zijn nog nooit op die plek geweest.

Ik leerde deze manier van denken ooit van mijn vader, die op zijn twintigste naar Amerika verhuisde en besloot om geen vegetariër meer te zijn. Niemand kende hem daar, en zijn strikt vegetarische ouders waren er ook niet bij. In het vliegtuig at hij een gigantische hamburger, kreeg gigantische buikpijn en besloot zijn plan toch maar niet door te zetten. Maar het was wel een goed idee. Misschien niet in deze uitvoering, maar wel in een andere.

Dus toen ik zelf op mijn achttiende alleen naar Amerika verhuisde, besloot ik niet meer de Aaf te zijn die altijd verlegen wekenlang de kat uit de boom keek alvorens een vriendschap (of zoals eerder gezegd: een relatie) aan te gaan. Ik besloot die verlegenheid die zogenaamd bij me hoorde, keihard af te werpen en meteen de babbelige, lachende vrouw te zijn die ik óók ben. En dat was leuk, want iedereen had daardoor zin om met me te babbelen en te lachen. Die heel irritante, verlegen episode kon ik overslaan.

Ik raad dit ook vaak mensen aan die een beetje vastzitten in hun leven: 'Ga naar een andere plek.' Zo sprak ik ooit met een jongeman die nog steeds maagd was en daar best wel mee zat, want hij was ook geen zestien meer. Ik raadde hem aan op een lange reis te gaan, in zijn eentje, ver van vrienden en familieleden die hem zagen als de Maagd. En dan lekker te feesten en, tja, van zijn maagdelijkheid af te komen. Ga ergens anders heen. En probeer het daar eens. Vrijblijvend en vrij van de meningen van de mensen die je al jaren kennen. Soms kun je zo vast komen te zitten in wie je zogenaamd bent, dat het heel moeilijk is om jezelf te zijn.

Zie het leven als iets zinloos

In een interview in *de Volkskrant* met schrijfster Maartje Wortel valt me meteen al op dat ze vrij laconiek is. Ze vertelt tevreden dat haar werk steeds opener wordt, 'alleen worden mijn recensies steeds slechter'. Volgens interviewer Fokke Obbema merkt ze dat droogjes op, iets wat de meeste schrijvers niet makkelijk zou afgaan. Het is een interview uit de serie *Zinvol leven*, en ook op dat gebied komt Wortel tot een laconieke conclusie: 'Mij lucht het juist op om het leven als zinloos te zien, want dat maakt me vrij.'

Het zinnetje bleef me bij, ook toen ik alweer een paar weken verder was. Ik ben misschien het *overthinking*-type, want ik ben de hele dag bezig met: was dit nuttig, was dit goed, had dit zin, moet ik wel zo vaak naar yoga, wat heeft het meeste effect, hoe deel ik mijn dag zo goed mogelijk in? Terwijl je, als je het op de gehele wereldgeschiedenis bekijkt, of zelfs op één dag in de geschiedenis, weinig aantoonbaar nut hebt.

Tuurlijk, je kunt als mens iemand anders helpen of verzorgen, je kunt iets moois maken of een ander opvrolijken. En dat is nuttig. Maar een enorm doel is er eigenlijk niet. Zoals Wortel elders in het interview ook zegt: 'We worden geboren en gaan dood, de tussentijd moet je zo goed mogelijk zien door te komen.' En: 'Mensen overdrijven vaak het belang van hun eigen bestaan. Als je dat als heel zinvol ziet, als heel belangrijk, raak je gestrest, want alles wat je doet, moet dan nut hebben.'

De tussentijd, best een prettige benaming voor, welja, het hele leven. Dus niet de belangrijkste tijd – de tijd waarin het allemaal moet gebeuren, waarin je de hele boel moet uitnutten als een dolle –, maar gewoon de tussenperiode tussen geboorte en dood. Het leven als de wachttijd op de bushalte, om het heel overdreven te zeggen; je zit er, en je moet die tijd zo goed en zo kwaad als het gaat vullen.

Dat wil niet zeggen, volgens mij, dat Maartje Wortel bedoelt dat je je hele leven moet vullen zoals je de verloren tijd in een bushokje vaak vult: met onzinnig scrollen op je telefoon of doelloos voor je uit staren. Zo nihilistisch is het allemaal niet. Maar het hele gegeven van de tussentijd – en van de zinloosheid, hoe negatief dat woord ook kan klinken – heeft inderdaad wel iets bevrijdends. Er moet wat minder en er mag wat meer. Sterker nog: niks moet, behalve een beetje normaal doen tegen elkaar (ja, dat zegt ze er wel bij). En je mag ook sloom voor je uit staren.

En zo kom je, via een Nederlandse schrijfster die laconiek kan zijn over de recensies van haar boeken, eigenlijk in een zenboeddhistische levenshouding terecht.

Ik zit niet in dat comité

De wereld van de Instagramquotes is weids en niet al te meeslepend; meestal is het een kwestie van een foto van een paardenbloem met zonlicht erop, met erachter een tekst over een *road* en een *journey*.

Een welkome onderbreking in die gare citaten is het Instagramaccount van Joanna Goddard, een Brooklynse blogger (dat klinkt als een topberoep, maar als je dieper in Goddards leven duikt, lees je toch wel over burn-outs en getob). Haar blog Cup of Jo is een site die uitputtend en zeer compleet schrijft over kleding, make-up, reizen, geinige cartoons en pizza.

Joanna Goddard deelt af en toe een citaat van een lezer, van een echt iemand, dat daardoor meestal vrij origineel is en ook echt ergens op slaat, en dat is, al scrollende door Instagram, wel een verademing na alsmaar '*Reach for the moon. If you miss, at least you'll be among the stars*'.

Een tijdje geleden las ik er een van iemands grootmoeder. Nu zeggen grootmoeders natuurlijk opmerkelijk vaak goeie dingen: ze zijn oud en ervaren genoeg om te weten wat de belangrijker wijsheden van het leven zijn, en bovendien gaat het in de overlevering van quotes van oma natuurlijk altijd zo dat mensen alleen onthouden wat voor verstandigs die oma zei, en niet alle onzin die ze eromheen babbelde.

Deze vond ik wel bijzonder bruikbaar. Een lezeres van Cup of Jo, aangeduid met de naam Maris, vertelde: 'Mijn oma had veel goeie uitspraken, maar de beste was: "Ik zit niet in dat comité." Te gebruiken als iets niet jouw probleem of zaak is.'

O, had ik die zin maar eerder gekend. Ik denk namelijk altijd dat ik in elk comité zit; het comité dat de boel moet opvangen als iemand anders te laat is, het comité dat taxi's moet regelen voor de hele wereld, het comité dat met rugzakken en lunchtrommels moet slepen als anderen die vergeten zijn. Nu zit ik zeker nog wel in dat laatste comité, en dat doe ik met alle liefde, maar soms zit je gewoon niet in een bepaald comité, en dan kun je dat ook aankondigen. In ieder geval tegen jezelf.

Het paraat hebben van zo'n zinnetje, dat ook lichtelijk grappig is, kan enorm helpen en opluchten. Je kunt natuurlijk ook tegen anderen en jezelf zeggen: 'Ik hoef me daar niet mee te bemoeien' of de meer passief-agressieve variant: 'Ehm, ik geloof niet dat ik dit voor jou hoef op te lossen.' Maar bij een comité zie je meteen een welwillende groep mensen voor je, waar jij op dat moment even niet bij hoort, en dat is prima.

Mijn eigen oma zei overigens altijd: 'Alles mag, als het maar leuk is.' Zij zat dus in allerlei comités – onder andere het comité dat ons meenam naar de bioscoop, altijd koekjes in huis had, en urenlang domme tv met ons keek. Maar ze zat niet in het comité huiswerk overhoren, gezonde groenten koken of noeste wandelingen maken (we deden bij haar alles met de auto, ook als we naar het restaurantje bij haar op de hoek gingen).

Dat is het handige van oma zijn of gewoon ouder zijn: je weet precies in welk comité je niet meer hoeft te zitten van jezelf, maar ook in welke comités juist wel.

Duizenden kleine beslissingen

Ik lees graag Alexandra Heminsley, een Britse journaliste die daarnaast ook nogal sportief is – elders in dit boek citeer ik haar wijsheid ook. Eerst verpandde ik mijn hart al aan haar omdat ze het boek *Running Like a Girl* had geschreven, waarin ze uiteenzette hoe je als gemiddeld persoon (onfit, wellicht net te dik, bang om gênant op straat te rennen) toch moest gaan hardlopen.

Daarna las ik meer van haar, zoals haar verslagen over haar andere indrukwekkende sporthobby, zwemmen in de open zee. En ik las over haar niet-sportgerelateerde belevenissen in de wereld van de ivf-behandelingen – gelukkig volgde op die artikelen uiteindelijk de geboorte van haar zoon Linus, die ik nu dan weer op Heminsleys Instagramaccount zie voorbijkomen. Soms ben ik nog verbaasd over hoeveel je over schrijvers en andere mensen die je bewondert te weten kunt komen in deze tijd, en ik ben er ook best tevreden over.

Voor alweer zo'n kijkje in Heminsleys leven luisterde ik naar de podcast *The Emma Guns Show*, waarbij journaliste Emma Guns bij Heminsley thuis kwam praten over hoe ze marathons had gelopen, naar Griekse eilanden was gezwommen, daarover allemaal boeken had geschreven, kortom, hoe ze deed wat ze allemaal wel niet deed.

'Een doel bestaat uit duizenden kleine beslissingen,' zei

Alexandra Heminsley tijdens dat gesprek, en dat vond ik een hele goeie. Ik vergeet dat namelijk weleens. Ik stel mezelf graag doelen, best ingewikkelde doelen ook, maar ik denk daarbij niet altijd aan de duizend kleine beslissingen die ik ook zal moeten nemen om dat doel te bereiken.

Zo had ik, in de geest van Heminsley, besloten dat ik aan een loop wilde meedoen, maar in de maanden die ernaartoe leidden – ik wilde meerennen in een loop in een kasteeltuin, je kon het maar beter meteen goed doen, dacht ik – merkte ik dat de beslissing die ik steeds moest nemen om dit doel goed uit te voeren, namelijk de beslissing om er weer een uurtje voor te trainen, me niet makkelijk viel. Ten eerste omdat ik op zo'n moment te lui was of meer zin had in iets anders (yoga, krachttraining of op de bank liggen) en ten tweede omdat mijn knieën soms pijn deden.

Als ik het zo uitleg, interpreteer ik de uitspraak van Heminsley een beetje zwaar; zo van: pas op met doelen stellen, want om dat doel te bereiken zul je heel vaak een goede minibeslissing moeten nemen.

Je kunt hem ook luchtiger opvatten, positiever, namelijk: met elke kleine beslissing die je de goede kant op neemt, kun je een bijdrage leveren aan een groter doel. Zo zou je kunnen bedenken dat je het milieu eens een beetje wilt gaan sparen door nu eindelijk eens je plastic afval te gaan scheiden. Elke dag zul je dan een beslissing moeten nemen om even iets apart weg te gooien. En dat lijken allemaal heel kleine microbeslissinkjes, en dat zijn het ook, maar na tachtig jaar heb je waarschijnlijk een berg plastic ter grootte van een Limburgse heuvel gescheiden.

En dat is toch niet niks.

Zie dus die plastic berg voor je als je weer eens bezig bent met op microniveau plastic te scheiden. Of dat boek dat je wilde schrijven, als je vandaag hebt besloten er drie kwartier van je avond voor vrij te maken. Of die kamer die eindelijk onttroept moet worden, als je vandaag besluit de eierwekker op tien minuten te zetten en in ieder geval één la op te ruimen.

Een heleboel van dat soort minibeslissingen later kan er zomaar een zelfgeschreven roman uit rollen. Of een schone kamer. Of een uitgelopen marathon. Best wel macro allemaal.

Van fouten maken krijg je compassie

We zaten in de auto, vaak een goeie plek voor een goed gesprekje, en ineens vroeg mijn zoon Benjamin (toen tien jaar) zich hardop af waarom je van je fouten zou leren. Of nee, hij vroeg het zich niet eens af, hij zei: 'Ze zeggen altijd: van fouten kun je leren. Maar je leert helemaal niéts van fouten.'

Ik begon hem uit te leggen dat als je iets nieuws wilde leren, je sowieso altijd wel een fout maakte, en dat die fout je er dan vaak op wees hoe je het beter kon doen. Hij rolde met zijn ogen, want dat wist hij natuurlijk allang. Hij bedoelde, denk ik, dat je niet per se van elke fout iets leert. Wat ook weer waar is natuurlijk. Kinderen houden sowieso niet zo van fouten maken, geloof ik. Ze worden er dan ook de hele dag op afgerekend op school.

Ik had hem toen, in de auto, moeten voorleggen wat ik toevallig een week later las toen ik weer eens door een boek bladerde van mijn al eerder genoemde favoriete schrijfster, Curtis Sittenfeld. Haar eerste boek, misschien ook haar beste, is een verhaal over een pubermeisje uit een middenklassefamilie dat naar een dure privéschool in Amerika gaat. Het boek heet *Prep.*

Mijn oog viel in het boek op een geweldige zin: '*We have to make mistakes, it's how we learn compassion for others.*' Ja, dat was het. We moeten fouten maken, zo leren we compassie voor anderen te voelen. Dat was waarom fouten bestonden!

Het deed me denken aan alle keren dat ik iets probeerde te leren, meestal iets fysieks, wat anderen allang onder de knie hadden en vaak heel makkelijk hadden geleerd. Ik ben gewoon een erg onhandig iemand, soms denk ik zelfs dat er iets niet helemaal goed zit in mijn brein. Het is niet rampzalig, maar ik kan niet schaatsen, autorijden, surfen, touwklimmen, bokspringen, balanceren op een smal muurtje, de kraai doen bij yoga, noem het allemaal maar op – het is een wonder dat ik kan koprollen en fietsen. Als ik uitleg dat ik iets niet kan, maak ik vaak mee dat mensen reageren met een variatie op 'Ach, je hebt het gewoon niet genoeg geprobeerd'. Terwijl dat wel zo is. Ik heb een heel jaar twee keer per week autorijles gehad, ik ben op volwassenenschaatsles gegaan, de broer van een vriendin heeft ooit een halve zomer geprobeerd me te leren skeeleren en ik heb twaalf jaar gymles gehad van geduldige leraren.

Het lukte allemaal niet. Het is niet erg, maar ik vind het wel altijd een beetje erg als mensen doen alsof ik dat niet kan uit eigen wil. Alsof ik het expres niet kan. Als ze geen compassie voelen, dus.

Heel soms kom ik iemand tegen die bijvoorbeeld ook niet kan autorijden, en dan voel ik een diepe ontspanning over me komen. Diegene begrijpt mij. En ik begrijp diegene. We hoeven niets uit te leggen over onze tekortkomingen, onze 'fouten'. Ze zijn er gewoon.

En zo leer je van je fouten, of zelfs van de dingen die je überhaupt nooit leert te kunnen. Je leert milder naar anderen te kijken. En misschien, hopelijk, ook naar jezelf.

Het weer in je hoofd

Een kleine inleiding bij deze column: de wijsgeer die ik hier ga citeren, heb ik ooit een uur aan de telefoon gesproken. Daar ben ik best trots op, want ik ben een bewonderaar van haar – het is Ruby Wax.

Ik kan alleen niet melden dat ik tijdens dat gesprek een hoop slimme zinnetjes uit haar mond heb opgetekend, want ik was veel te zenuwachtig, zij was vrij kattig, en bovendien aan het stofzuigen. Of misschien was iemand anders dat aan het doen, er klonk in ieder geval het luide geluid van een stofzuiger door het hele interview heen.

Na dat interview, we hebben het over de tijd van de eeuwwisseling, lang geleden, ben ik te weten gekomen dat Ruby Wax allerlei mentale problemen heeft gehad en daar heeft ze ook de nodige boeken (*Tem je geest*, *Frazzled*) over geschreven. Daarom neem ik haar volstrekt serieus als zij ons voorschrijft hoe we de vraag: 'Hoe gaat het met je?' eigenlijk zouden moeten stellen.

Want als je het goed bekijkt, is dat een heel rare vraag. Hij is nogal kort, hij vereist ook een kort antwoord, en er is bijna niemand op de wereld die er echt eerlijk antwoord op geeft; de meeste mensen antwoorden, zelfs in geval van psychische nood, automatisch 'Goed!' op die vraag.

Wax heeft de volgende vraag bedacht: 'Hoe is de weersgesteldheid in jouw hoofd?' Zo veel leuker! En hij nodigt zo veel meer uit tot details, tot overdenken en de waarheid spreken.

Het is nooit alleen maar goed of slecht in je hoofd, of nou ja, soms wel, maar meestal is het inderdaad meer zoals het weer; aan fluctuaties onderhevig, soms wat wolkjes, hé, daar is een straal zonneschijn, kijk, nu breekt-ie helemaal door, en jammer, nu gaat het weer regenen, nou ja, het is maar motregen. Dat zou het weer kunnen zijn, en ook je humeur op een bepaald moment van de dag.

Vooral dat van die fluctuaties, de wolken aan de hemel die alsmaar veranderen, de regen die komt en gaat, de zon die zich soms laat zien en dan weer niet, is natuurlijk ook zeer waar voor je eigen gesteldheid. Als iemand mij nu bijvoorbeeld zou vragen hoe het gaat, zou ik zeggen: 'Best zonnig, maar met wat dreiging van licht onweer in het oosten' – daarmee doel ik op het feit dat ik een goed humeur heb omdat ik morgen op reis ga, maar ook wat spanning voel om dezelfde reden.

Als je het weer als vergelijking gebruikt, bouw je automatisch ook alle veranderingen in die er altijd zijn. Ook voor jezelf is dat prettig, want als je bijvoorbeeld terugdenkt aan je recentste buien (goed woord in dit verband!), is de regenbui van vanochtend alweer voorbij, zie je misschien al wat zon, en was het gisteren een en al donder en bliksem, maar is die storm alweer over.

Dat benoemen is specifieker en eerlijker dan 'het gaat prima', en het geeft je meer zelfinzicht. En één zonnestraaltje komt er, behalve natuurlijk in de allerergste weersomstandigheden, altijd wel binnen. '*There's a crack in everything, that's how the light gets in*,' zong de wijsgeer Leonard Cohen al. Maar dat is weer een heel ander verhaal.

Dank

Ik deed laatst een goede wijsheid op tijdens de boekpresentatie van een vriend. (Hou je nou eens op met wijsheden noteren, Aaf? Nee.)

Arjen Fortuin heet die vriend, en hij ging zijn dankwoord uitspreken aan iedereen die hem had geholpen om een vuistdikke biografie van de dichter Gerrit Kouwenaar te schrijven. 'In een dankwoord wordt de belangrijkste persoon meestal als laatste bedankt, maar ik doe dat als eerste,' zei hij, en hij bedankte zijn vrouw. Dat vond ik mooi.

De belangrijkste personen die ik wil en moet bedanken zijn natuurlijk alle mensen die ik citeer in dit boek, en dan vooral Nienke Römer, aan wie ik de titel te danken heb, en Frederik Brom, voor het citeren ervan. En alle anderen dus, van mijn wijze vriendin Machteld van Gelder tot restaurantmagnaat Won Yip, van diverse slimme honderdjarigen tot Katja Schuurman, van de ex van de ex van mijn zus tot, toegegeven, influencers op Instagram. Aan elk zinnetje denk ik vaak, aan sommige bijna elke dag.

Dank ook aan de redactie van *Flow* dat ik al zo lang voor jullie mijn columns over mooie zinnetjes mag maken en aan alle bladen en kranten waarin ik verstandige stukken publiceerde, aan Paloma Sanchez van Dijck van Meulenhoff omdat je dit boek meteen wilde uitgeven en aan mijn redacteur

Saskia Veen voor je enthousiasme en scherpe oog – voor een slordige perfectionist als ik was die begeleiding heel fijn.